U0906062

華中科技大學出版社
http://press.hust.edu.cn
中国 · 武汉

前言 Preface

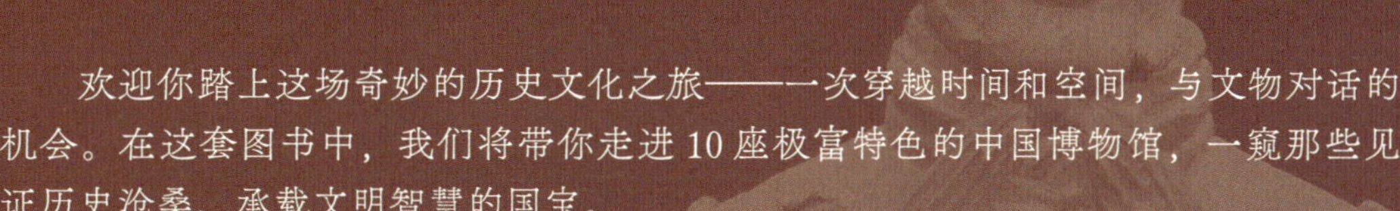

欢迎你踏上这场奇妙的历史文化之旅——一次穿越时间和空间，与文物对话的机会。在这套图书中，我们将带你走进10座极富特色的中国博物馆，一窥那些见证历史沧桑、承载文明智慧的国宝。

每一座博物馆都是一座宝库，不仅收藏着数不清的历史珍品与艺术精品，更蕴含着无尽的知识和故事。在这些博物馆宁静的大厅里，时间似乎停滞了。古代工匠们的智慧和才能，历史的波澜和变迁，使得每一件展品都鲜活起来，等待着我们去发现和了解。

从甘肃省博物馆的历史厚重到首都博物馆的皇家气韵，从成都博物馆的天府风采到广东省博物馆的岭南风情，从布达拉宫的神秘庄严到敦煌博物馆的视觉震撼，从殷墟博物馆的商朝遗迹到秦始皇帝陵博物院的兵马雄风，再到中国丝绸博物馆、新疆维吾尔自治区博物馆的地域特色，本套图书将为你开启一扇时光之门，带你走进一处处国家宝藏胜地。

我们深知，以一套书的有限篇幅，无法完整展现每座博物馆所有重要的国宝。于是，我们从文物的历史和文化价值、工艺水平、独特性与创新性，以及社会知名度和影响力等多方面综合考量，精心挑选了每座博物馆的20～24件最具代表性的珍贵文物。它们有的是各自博物馆的镇馆之宝，有的是某个时代的历史见证。此外，为了让读者更清晰地对文物进行了解和比较，我们将文物按不同类型来介绍。通过这些文物，读者不仅能欣赏到数千年间的艺术瑰宝，更能深入探索中华文明的发展脉络，体会历史的深度与厚重。

你即将翻阅的是秦始皇帝陵博物院分册。这里是大秦帝国辉煌历史的生动见证地，磅礴的气势扑面而来。走进博物院，仿佛穿越回2000多年前的秦朝，目睹那个大一统王朝的雄伟气魄。书中精选的文物，将带你领略大秦帝国的雄浑壮阔，沉浸式感受秦始皇横扫六国、一统天下的壮志豪情。这里是历史与现实的碰撞之地，从规模宏大、气势恢宏的兵马俑军阵，到工艺精美的青铜车马，从种类繁多的兵器到华丽精致的金银器，它们是历史的忠实讲述者，让你在驻足凝视时，仿佛能听见金戈铁马的厮杀声，与古老的秦文明对话，体悟历史文化的厚重底蕴。

我们相信，这不仅是一次认知和学习的过程，更是一次心灵和情感的旅行。我们希望，这套图书能够激起你对历史的好奇心，唤起你对传统文化的尊重和保护，更希望这趟文化之旅成为你心中宝贵的记忆。

目录 Contents

11 博物院概况

12 位置与规模
13 发展历程
15 藏品概况
17 展览设置
19 博物院展览分布图

21 镇馆之宝

22 彩绘绿面跪射俑
独一无二的“绿面人”

禁止出境文物
24 秦陵一号铜马车
华丽精巧的“青铜之冠”

禁止出境文物
28 秦陵二号铜马车
真实还原秦代豪车

拓展话题
30 大一统王朝的建立

32 秦高级军吏俑
威猛的秦代大将军

拓展话题
34 等级森严的秦代军队服饰

37 馆藏文物

39 青铜器

40 秦铜盾
最早的铜盾实物

42 秦青铜铍
秦代兵器知多少

44 秦青铜鹤
优雅的园中仙鹤

器物小知识
46 文物中的瑞鹤形象

拓展话题
47 内涵丰富的动物形象

48 秦青铜天鹅
曲项向天歌

50 秦铜箭箙
箭支的收纳盒

52 秦铜权
秦代统一度量衡的物证

54 秦乐府钟
礼乐之声

器物小知识
56 错金银工艺装饰的华丽文物

拓展话题
57 文物中的歌舞升平

59 金属器

60 秦金当卢
独当一面的金当卢

62 金舞袖俑
秦代艺术的袖间风华

64 金骆驼
东西交流的见证

器物小知识
66 用作装饰品的华丽金饰

拓展话题
67 常见的金银器纹样

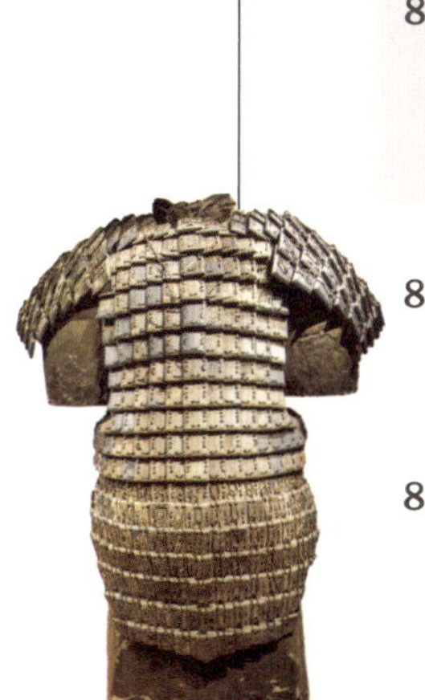

69 陶器

70 秦鞍马骑兵俑
千里马与骁勇的骑兵

72 秦中级军吏俑
将军身旁的得力副手

74 秦袖手俑
睿智谦和的文官形象

76 秦立射俑
泥土的涅槃

器物小知识
78 不同朝代的陪葬俑

拓展话题
79 霸气皇陵中的稀世珍宝

80 秦百戏俑
大秦王朝的“娱乐圈”

82 秦跽姿俑
神情专注的乐俑

器物小知识
84 多样化的陶器纹样

拓展话题
85 丰富的陶器制作工艺

87 其他文物

88 秦石甲胄
秦代铠甲的生动展示

90 银弩辄
实用的承弓器

94 中国代表性古墓名录

博物院概况

秦始皇帝陵博物院（Emperor Qinshihuang's Mausoleum Site Museum）坐落于陕西省西安市临潼区，以展示秦始皇帝陵出土的文物、秦始皇帝陵陪葬坑及庞大的陪葬俑群为主要亮点。其中的兵马俑坑作为世界文化遗产，是“世界八大奇迹”之一，同时也是“20世纪考古史上的伟大发现”之一。

位置与规模

秦始皇帝陵博物院位于中国陕西省西安市临潼区以东 3.5千米处的骊山北麓。

秦始皇帝陵博物院范围涵盖秦始皇帝陵遗址公园（丽山园）和秦始皇兵马俑博物馆，其中秦始皇帝陵遗址公园占地面积约226万平方米，秦始皇兵马俑博物馆中的三座兵马俑坑占地面积共2万多平方米。秦始皇帝陵遗址公园包含秦始皇帝陵封土、铜车马博物馆及文官俑坑、百戏俑坑等广阔区域。秦始皇兵马俑博物馆位于秦始皇帝陵封土以东约1.5千米处，包含一、二、三号兵马俑陪葬坑、铜车马陈列厅及相关临时展览展厅。铜车马博物馆建在了皇帝陵封土西南部，为全覆土地下建筑，场馆整体隐于绿荫之中，总建筑面积约8000平方米，馆内文物层层递进，向观众细致展示了“青铜之冠”的独特魅力。整座博物院依陵而建，既保留了陵区山清水秀的原始面貌，又有利于持续性的文物发掘与展示，是中国乃至世界的文化宝藏。

秦始皇帝陵博物院在秦兵马俑遗址挖掘基础上建立并不断发展，成为全面展示秦始皇帝陵及其相关文化的重要窗口，在文物保护、考古研究、文化传播等方面不断取得新成就。

遗址发掘与建馆

秦始皇帝陵博物院前身为秦始皇兵马俑博物馆。1974年3月，秦兵马俑坑被发现；1975年8月，国务院决定在秦兵马俑坑之上建立博物馆。1979年10月，秦始皇兵马俑博物馆对外开放。随着考古发掘工作的进行，秦兵马俑三号坑、二号坑遗址展厅分别于1989年、1999年对外开放，吸引了大量游客前来探寻秦始皇的“地下军团”。与此同时，考古人员没有停下发掘的脚步。

继续发掘与建设

博物馆以整理石甲胄坑出土遗物为契机，开展更系统的考古工作。1998年后，发现 K9801陪葬坑、K9901陪葬坑、K0006陪葬坑和K0007陪葬坑等。1994年10月，秦始皇帝陵文物陈列厅建成开放。2008年，秦始皇兵马俑博物馆获评首批国家一级博物馆。2009年2月，陕西省文物局决定在保留原有秦始皇兵马俑博物馆的前提下成立秦始皇帝陵博物院。

○ 持续保护与发展

2009年6月，博物院启动秦始皇帝陵一号兵马俑坑第三次考古发掘，同年秦始皇帝陵博物院正式成立。2010年10月，秦始皇帝陵遗址公园正式完工开园。2011年，博物院启动对K9901陪葬坑的考古发掘工作。2021年9月，铜车马博物馆正式对外开放。博物院持续开展陵区考古勘探与文物保护工作，不仅与国外机构频繁交流合作，也运用先进的数字化技术提升展陈效果和文物考古与修复水平。

藏品概况

博物院的藏品主要以出土的秦代文物为主，其中最具代表性的就是兵马俑。除此之外，博物院还收藏了大量的青铜器、玉器、陶器、金属器等文物。这些藏品不仅展示了秦代的文化成就，还涵盖了当时社会的宗教、政治、经济等多个方面。

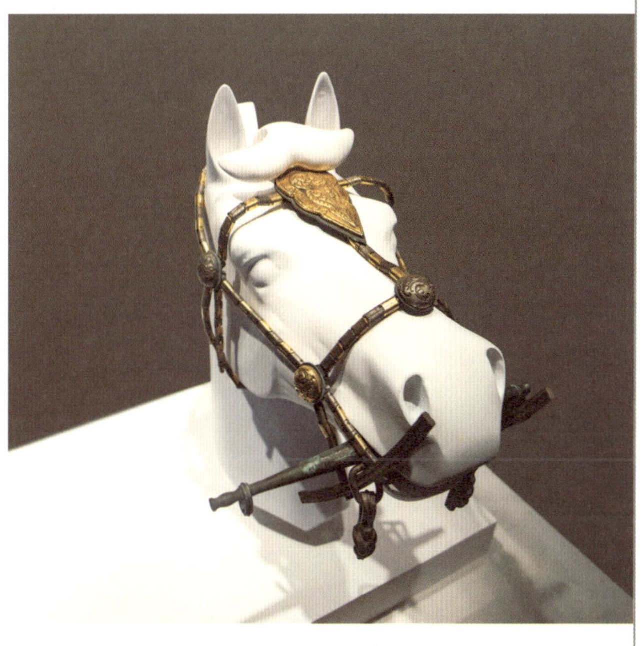

○ 兵马俑

秦兵马俑坑有大量栩栩如生、形态各异的陶俑、陶马近7000余件，包括武士俑、军吏俑、跪射俑、立射俑、车马俑等；兵种齐全，如步兵、骑兵、车兵等，生动再现了秦军的阵容。

○ 铜马车

1980年在秦始皇帝陵西侧出土的两乘大型彩绘铜马车，被誉为“青铜之冠”，车、马、人等全部用青铜和金银铸造，按实物的二分之一比例缩小，真实模拟秦代马车实物。

○ 其他文物

秦始皇帝陵遗址还出土有青铜兵器、金银器、石甲胄等文物，如花纹繁密的青铜盾、高雅的青铜鹤还有精美的金舞袖俑、金骆驼等，为研究秦代的对外交流与艺术风貌提供了新线索。

○ 基本陈列

秦始皇帝陵博物院的特色便是将秦始皇帝陵遗址及其考古发现真实、原始地呈现在观众面前，在此地既能感受秦始皇帝陵遗址的雄伟壮观，又能细致观赏并学习出土文物的相关知识。

一、二、三号陪葬坑陈列厅：一号坑面积14260平方米，埋藏陶俑、陶马6000余件，还有大量青铜兵器。二号坑面积约6000平方米，埋藏陶俑、陶马1300余件，较一号坑的内容更为丰富，兵种更齐全。三号坑面积520平方米，陶俑、陶马较少，仅72件，有学者认为它是统帅一、二号坑兵马俑的"指挥部"。

铜车马博物馆：铜车马博物馆除了展示秦始皇帝陵博物院的镇馆之宝一、二号铜马车以外，还围绕文物开设了陵园沙盘模型序厅、原址坑复原展厅、秦驰道及世界古代车马厅、铜车马相关器件展厅，等等，全方位地展示了秦代的车马文化。

K0006陪葬坑、K9901陪葬坑陈列厅：两坑分别位于秦始皇帝陵园内部陵墓封土的西南角、东南角。K0006陪葬坑呈"中"字形，与前室内出土的12件陶俑和一号坑出土的武士俑相比较为文弱。K9901陪葬坑为地下坑道式土木结构建筑，共出土2件青铜鼎及20多件陶俑。

秦始皇帝陵博物院的大部分文物展示区域为遗址原始陪葬坑，包含兵马俑博物馆的一、二、三号陪葬坑，遗址公园内的K0006陪葬坑、K9901陪葬坑和铜车马博物馆。博物院还积极举办专展与临展，丰富了展览的形式与内容。

○ 专题展览及临时展览

秦始皇帝陵博物院还开设有“平天下——秦的统一”“真彩秦俑”“平行时空——在希腊遇见兵马俑”等专展。通过定期展示的专题性展览，为观众展现不同维度的秦始皇帝陵以及秦代的历史生活等各个方面。这些专展突破传统陈列模式，运用数字投影、虚拟现实等现代展陈技术，结合考古新发现与多学科研究成果，为观众打造了沉浸式的秦代历史文化体验空间，成为连接历史与当代的文化桥梁。

注意 本书中的文物所在位置以作者写作阶段的文物位置为参考标注，由于各博物馆经常会有临时展览或巡回展，所以无法保证文物位置固定不变，请各位读者知晓，以实际的参观情形为准。秦始皇帝陵博物院部分文物偶尔会“出差”到其他博物馆展出，因此没有固定展出地点。

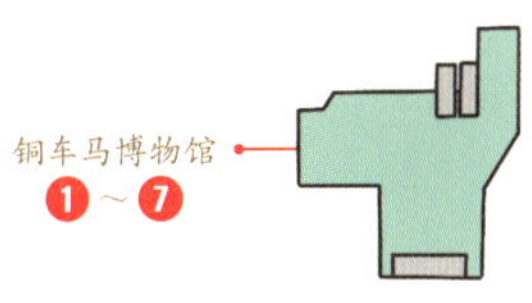

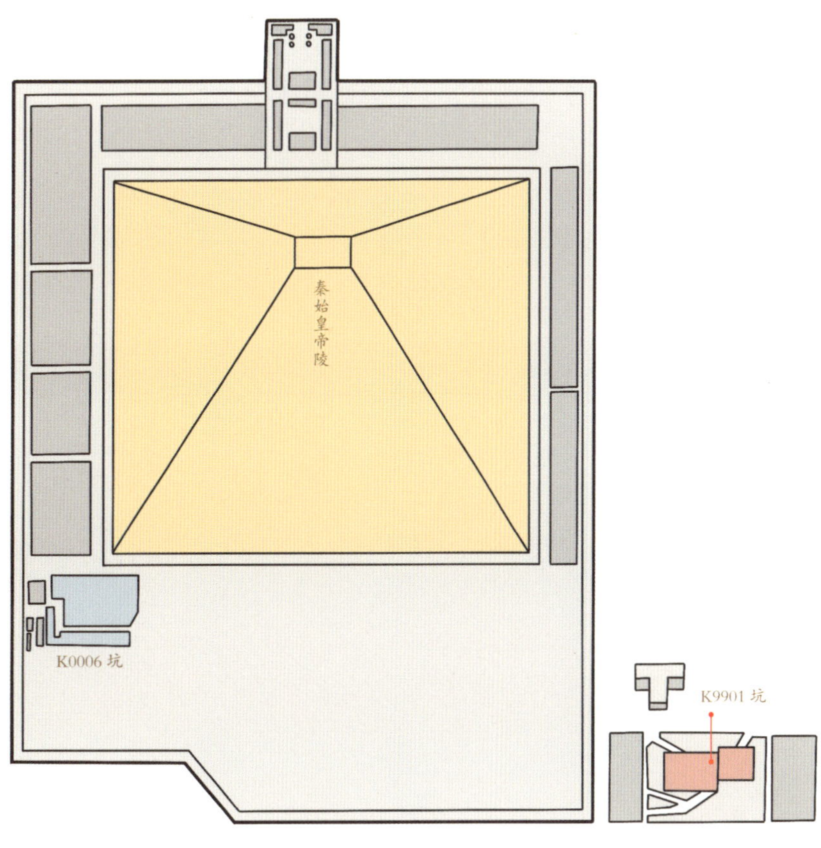

丽山园区域

铜车马博物馆：

1. 秦陵一号铜马车
2. 秦陵二号铜马车
3. 银弩輒
4. 秦铜盾
5. 秦铜箭箙
6. 秦青铜铍
7. 秦金当卢

秦始皇帝陵文物陈列厅：

8. 彩绘绿面跪射俑
9. 秦高级军吏俑
10. 秦中级军吏俑
11. 秦鞍马骑兵俑
12. 秦立射俑
13. 秦袖手俑
14. 秦百戏俑
15. 秦跽姿俑
16. 金骆驼
17. 金舞袖俑
18. 秦铜权
19. 秦乐府钟
20. 秦青铜鹤
21. 秦青铜天鹅
22. 秦石甲胄

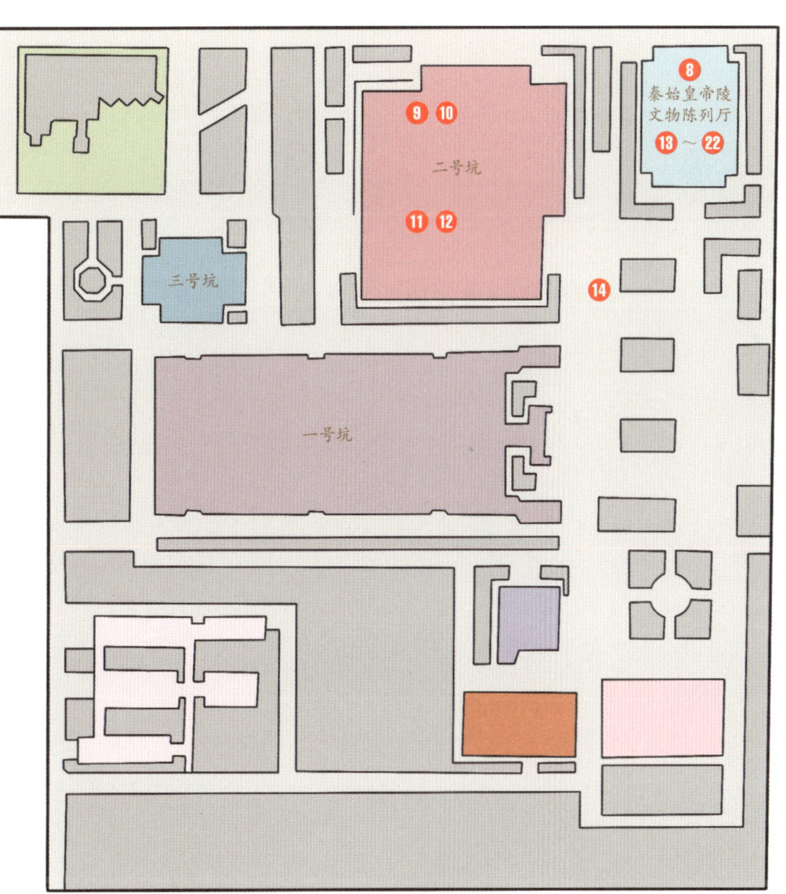

秦始皇兵马俑博物馆区域

彩绘绿面跪射俑

秦陵一号铜马车

秦陵二号铜马车

秦高级军吏俑

彩绘绿面跪射俑

独一无二的『绿面人』

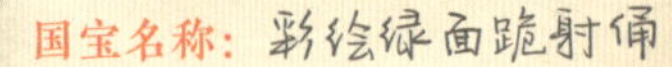

国宝名称：彩绘绿面跪射俑
所属年代：秦
出 土 地：秦兵马俑二号坑

这件彩绘绿面跪射俑通高128厘米。

该俑身穿战袍，外披铠甲，头绾发髻，作持弓弩待发状。人物较立俑略小，表情神态栩栩如生，身上服饰的细节也表现得十分到位。这件跪射俑保存完好，真实还原了秦军作战时的情景。与其他秦俑不同的是，这件兵马俑是唯一一件脸色发绿的陶俑，以威严的绿面在千军万马中脱颖而出，成为秦国大军中的“代言人”之一。

跪射俑的铠甲腰以上部分为上片压下片，而腰以下部分则为下片压上片，这是为了弯腰时行动方便而设计的。

这件跪射俑呈蹲姿，着交领右衽齐膝长衣及铠甲，双臂微曲，手中曾握持的弓箭出土时已腐朽，整件塑像具有蓄势待发的静态美以及马上开战的紧迫感，刻画细致，写实感极强。兵马俑坑出土的兵马俑大多有着精美的彩绘，只是出土后在自然以及人为因素的影响下色彩脱落，而这件珍贵的绿面跪射俑在专家的抢救与修复下原本的彩绘得以完好保存。

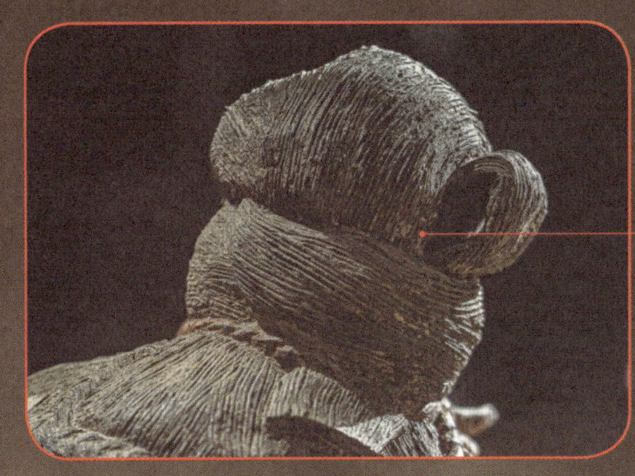

该人俑的头上绾圆髻，梳于右侧，这与秦人尚右的习惯有关。人俑发丝的纹路刻画十分细致逼真，发辫的穿插也生动地还原现实，仔细观察还能发现发髻系带上的红色颜料。这些出土的兵马俑也为后世研究秦代军队服装和发饰提供了例证。

俑的面相呈现出秦人典型的英武端正之感，人物眉宇轩昂，双目坚定地望向前方。其脸上泛着一丝青绿，对此的猜测有很多种，可能是工匠的恶作剧，也可能是为了震慑敌人，而真实的原因或许只有当时的古人才知道了。

跪射俑在塑造之初手中应握有的木制弓箭在出土时已经腐朽。陶俑的手部塑造十分写实，两手均呈半握状，拇指微翘，手部的关节与肉感都刻画得十分逼真。

秦陵一号铜马车

华丽精巧的『青铜之冠』

禁止出境文物

国宝名称：秦陵一号铜马车

所属年代：秦

出 土 地：陕西省临潼区秦始皇帝陵封土西侧20米陪葬坑

铜马车通体施以彩绘，所用颜料均为用胶调和的矿物颜料，纹样线条立体，色彩鲜艳明丽。铜马车比例按照真马车的二分之一制成，是中国考古史上迄今出土的体型最大、结构最复杂、系驾关系最完整的古代马车，被誉为“青铜之冠”。

御官俑上着双重交领右衽长襦，下穿长裤，头戴双卷尾冠，背后佩剑，双臂前举，半握拳持六根辔绳。御官俑额宽眼大，颧高唇厚，神情恭谨。

这组秦陵一号铜马车通长225厘米，高152厘米。

秦陵一号铜马车于1980年出土，出土时破碎为1325片，历经修复，再次重生。铜车马采用了镶嵌、焊接和活铰连接等多种工艺，铸造精细。至今，铜马车上的各种链条仍可灵活转动，牵动辕衡，仍能载舆行驶。铜车马为双轮单辕，前架四马，车舆为横长方形，前边两角呈弧形。车上竖立一高杠圆伞，伞下有一御官俑。车上金银饰件丰富，整体造型彰显出皇家的华丽富贵。

铜车的两轮大小、形制完全相同。轮牙的中部微鼓成弧面形，毂呈壶形。内侧一端短而粗大，中部束腰，毂外侧的一端细长。

铜马车通体施以彩绘，以蓝、绿、白为主，色彩鲜艳。纹饰以菱形、方格形等几何纹样为主，间以云纹、变形夔凤纹、环带纹等分布在车栏内侧、车轼表面和车伞杠处。

几何纹

车轼的两面饰有相同的纹饰。纹样为两个相对的桃形组合而成的菱形纹，桃形尖角处绘制两条细线，中间绘一太阳纹。空白处饰璜形几何纹。

环带纹、变形夔凤纹

纹样环伞杠一周，上有粗环纹、细线纹，凸起的部分饰横纹形几何纹，形成二方连续的环带纹。上下分别饰有变形夔凤纹，其冠羽长翘，尾部回旋上翘，异常生动美丽。

小提示

铜马车以其精湛工艺展现了当时高超的青铜铸造水平，让我们领略到秦代马匹在交通与礼仪中的重要地位。而在绘画艺术领域，宋代李公麟笔下的马同样熠熠生辉。像《五马图》，以白描的手法描绘了五匹骏马，不仅展现了马的矫健英姿，更体现了他对马的深刻理解和热爱，是中国古代绘画中关于马的经典之作。他注重对马的形体结构和神态的精准把握，线条简洁流畅却极具表现力，通过细腻的笔触勾勒出马的肌肉骨骼，使每一匹马都栩栩如生。

李公麟《五马图》（宋，日本东京国立博物馆）

长柄铜伞结构精致，由伞盖、盖弓、伞柄组成。伞盖呈圆拱形，面积大于车，覆盖性强，由中心向外缓缓向下弯曲，外形线条流畅。

车前的四匹铜马比例匀称，四肢粗壮，膘肥体健，筋骨强健。中间两匹马引颈昂首正视前方，两侧两匹马的马头均微向外转，张大鼻孔呈喘息状。四马神采奕奕，静中寓动。

秦陵二号铜马车

真实还原秦代豪车

虽然在地下埋藏数千年，但车舆上的彩绘依然清晰可见，车舆内外绘有精美的云纹、夔龙纹等图案，色彩鲜艳，线条流畅。其纹饰与战国楚墓和马王堆出土的锦、绮、漆器纹饰十分类似，车舆细节表现得十分到位。

禁止出境文物

国宝名称：秦陵二号铜马车

所属年代：秦

出 土 地：陕西省临潼区秦始皇帝陵封土西侧20米陪葬坑

秦陵二号铜马车通长317厘米，车通高106.2厘米。

二号铜马车与一号铜马车出土时前后排列，均为单辕、双轮、四马系驾，但车舆结构相差较大，二号铜马车由两个分开的前舆与主舆组成，平面呈“凸”字形。整车可分为上百个部件，采用嵌铸法、包铸法、铸焊法等铸造而成并采用活铰连接、纽环扣接、转轴连接等多种方式组装，车身绘有精美的纹饰，并辅以金、银配饰。铜马车是研究秦代舆服制度、车辆结构、青铜铸造工艺等方面的重要实物资料。

二号车出土时破碎为1685片。铜马车整体造型逼真，无论是铜马的肌肉、骨骼，还是御官俑的神态、服饰，都刻画得细致入微，且鞍具齐全，驾引方式明晰，生动地再现了秦代马车的真实形态。

坐在前舆的御官俑牵引四匹马，中间的两匹为服马，主要用于驾辕；外侧两匹为骖马，协助服马拉车，马上还装配有缰绳与胁驱，防止骖马内靠或向外跑，从而做到并驾齐驱。

车的前舆与主舆完全分开，主舆呈长方形，后部开门，以真实车马二分之一的比例还原，内部空间十分宽敞，内部可供坐卧，不能站立，此类坐乘车又称为“安车”。

盖
侧窗
后门
�
耳
轫

大一统王朝的建立

秦王嬴政凭借自己的政治才华实现了大一统，建立了中国第一个封建王朝，让我们来看看秦王朝的发展历程吧。

秦王嬴政建立秦朝之后，自以为“功过三皇，德兼五帝”，因此称“始皇帝”，从而开启了漫长的君主专制中央集权制度。除此之外，秦朝还建立了三公九卿制文书制度、郡县制等来加强管理，巩固统治。秦朝是中国历史上具有划时代意义的王朝，结束了数百年的分裂局面，奠定了中国作为一个统一多民族国家的基本框架。虽然秦朝的统治制度充满争议，但其创新性改革为后续的封建王朝提供了重要参考。

战国

战国时期，秦国在商鞅变法等一系列措施下成为天下第一强国。同时长期的战乱使得民不聊生，分裂的格局亦不利于经济发展，这为秦统一六国提供了契机，自公元前230年至公元前221年，秦国采取远交近攻的策略陆续攻灭了六个主要诸侯国，结束了春秋以来500余年的分裂割据局面。

“半两”青铜钱

（秦，中国国家博物馆）

秦始皇实现大一统之后，在全国范围内推行巩固统一的措施，包括统一车轨、文字、货币、度量衡等。

秦朝

秦长城、阿房宫、秦始皇帝陵和秦直道是秦始皇建立的四大工程。秦长城实际上是在战国长城的基础上连接与修缮的。

沈振麟《帝鉴图说》（清，台北故宫博物院）

秦末民变

秦始皇去世后，以赵高、李斯为首的奸臣秘不发丧，意图谋反，并假传旨意赐死秦始皇长子扶苏，拥立胡亥为秦二世，史称沙丘之变。秦二世继位后荒废朝政，政治混乱，百姓在严刑峻法下苦不堪言。公元前209年，轰轰烈烈的秦末农民起义爆发。

（传）王维《阿房宫图卷》（唐，私人藏）

焚书坑儒

公元前213年，秦始皇采纳丞相李斯的建议，下令焚毁除了《秦记》和有关农业、医药、占卜等实用书籍以外的民间典籍，特别是诸子百家的学术著作，以消除对统一政策的思想阻碍。次年，他又以“妖言惑众”为由，将大量批评政权的儒生处死。这一事件严重打击了学术自由和文化传承。

秦始皇去世

秦始皇于公元前210年去世，葬于骊山。据《史记·秦始皇本纪》记载，早在公元前246年秦始皇陵就开始修建，至公元前208年修建完成，是世界上规模最大、结构最奇特的帝王陵寝。

秦王朝覆灭

秦朝的暴政激化了阶级矛盾，百姓负担不断加重。公元前209年，陈胜、吴广起义。公元前207年，刘邦的军队进攻咸阳，秦王子婴投降，秦朝正式灭亡。

秦高级军吏俑

威猛的秦代大将军

彩带花结

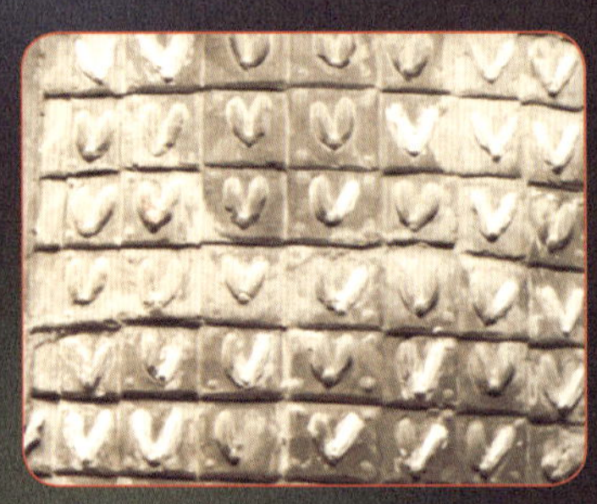

鱼鳞甲片

尖角形下摆

国宝名称：秦高级军吏俑
所属年代：秦
出 土 地：秦兵马俑二号坑

秦高级军吏俑（将军俑）是秦俑坑中出土数量极少的一类。高级军吏俑的共同特点是头戴鹖冠，身材高大魁梧，气质出众超群，具有大将风度。从服饰特征来看，将军俑着装朴素，但胸口有花结装饰，双手交垂于腹前拄长剑。甲衣分为双肩，有披膊，前身甲较长，下摆延伸到腹部以下，下缘呈等腰三角形。这种甲衣不仅设计美观，还具有良好的防护效果。

将军俑以其健壮的体格和高大的身材，生动地展现了秦朝将领的威武雄壮。他头戴鹖冠，身穿双重长襦，外披彩色鱼鳞甲，这种装束不仅展示了秦代军吏服饰的特征，也进一步增强了将军俑的威严形象。

鹖冠，也称为武冠。鹖冠上的羽毛色彩鲜艳、形态逼真，与俑的整体造型相得益彰。同时，鹖冠的佩戴方式也体现了秦代武将的严谨和庄重。例如，有的鹖冠上带有可系结于颌下的带子，使得整个冠饰更加稳固和美观。

铠甲的制作采用了整片皮革，胸部以下至腰际部分嵌入了精致的鱼鳞状甲片，这些甲片不仅增强了防御力，也赋予了铠甲独特的质感和视觉效果。特别值得一提的是，前胸和后背的未缀甲片区域，装饰有彩绘花结。

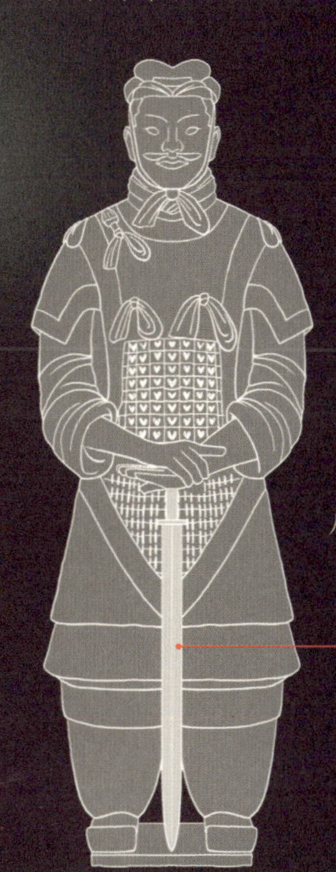

原将军俑所握长剑

将军俑的装束兼具实用性与审美性，其铠甲设计独具匠心。这身铠甲不仅为将军提供了战场上所需要的保护，同时也展现出一种威严与尊贵的气质。将军双手交叉于腹前，拄着长剑，每一个细节都刻画得栩栩如生。

等级森严的秦代军队服饰

在探索兵马俑的服饰时，不难发现其设计精妙地反映了古代军队的等级制度，铠甲是显著标志之一。其中，鱼鳞甲以其独特的编织工艺和精细度，通常被视为高级军吏，特别是将军级别的专属装备，彰显其尊贵地位。而区分军衔的另一重要线索则体现在头部的冠饰上，普通士兵多无冠或以简单布帽、皮帽为饰，中级军吏则佩戴双板或单板长冠，而高级军吏则饰鹖冠，以显示其权威与尊严。

秦中级军吏俑之一（秦，秦始皇帝陵博物院）

头戴长冠，既符合身份又便于行动。

内穿长襦，外披坚固的铠甲以增强防护。

原一手紧握剑柄，另一手则持长兵器，展现出随时准备应战的姿态。

腿部绑有行縢或护腿，确保行动灵活且安全。

脚上穿着轻便的浅履，便于长途行军。

秦下级军吏俑（秦，秦始皇帝陵博物院）

拓展话题

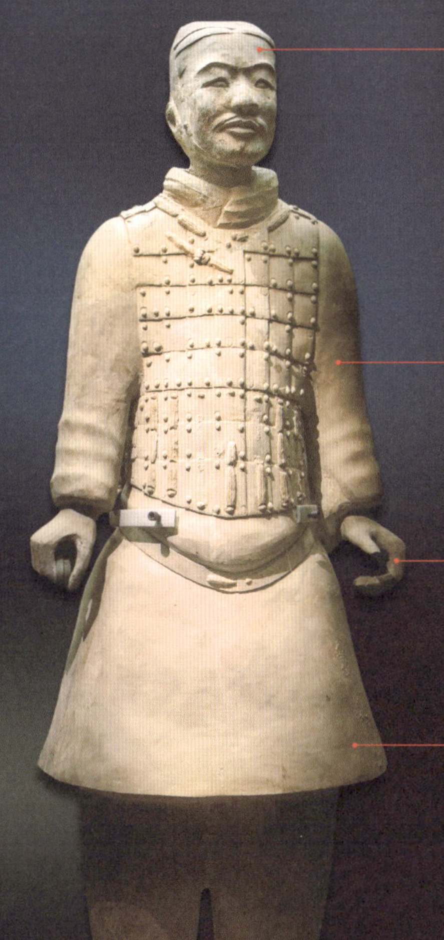

秦骑兵俑（秦，秦始皇帝陵博物院）

头顶右侧梳着圆形的发髻，显得整洁利落。

立射俑身着长襦，装束简洁。

手中原应持有弓弩、戈、矛等兵器，随时作战，展现了古代士兵的多样性战斗技能。

腰部以革带束紧。

腿部用裹腿布紧紧缠绕，以适应射箭时的动作需求。

脚上穿着浅履，既轻便又稳固。

秦立射俑（秦，秦始皇帝陵博物院）

多彩的服饰

秦兵马俑展现出多彩的服饰，粉绿、朱红、粉紫、天蓝等色彩交相辉映，彰显秦军服饰的丰富与多样。其色彩明快，对比鲜明，如红上衣配绿、紫或蓝花边，下搭深绿或粉裤，既美观又具用朱砂等矿物颜料，赋予秦俑细腻的质感与丰富的层次。秦代服饰色彩既遵循阴阳五行哲学，又反映出社会阶层与时尚潮流，展现了秦代服装色彩之独特魅力。

馆藏文物

青铜器

金属器

陶器

其他文物

青铜器

BRONZE WARE

秦铜盾

最早的铜盾实物

国宝名称：秦铜盾
所属年代：秦
出 土 地：陕西省临潼区秦始皇帝陵封土西侧20米陪葬坑

这件铜盾出土时位于秦陵一号铜马车车舆右栏板内侧前部。铜盾为一次性浇铸而成。盾体质地坚硬，结构稳固，表面经过精细打磨，光滑平整，展现出秦代青铜铸造工艺的卓越成就。铜盾上彩绘飞腾的变相夔龙纹，因此又被称为“龙盾”。它是考古史上首次发现的秦代盾牌实物。

仔细观察铜盾上残存的彩绘，还可以看到龙身上以红色菱花状纹饰来表现的龙鳞。

铜盾呈方首，弧肩，曲腰，平底。上部呈弧形，中部双亚腰，下部呈方形。正面中部纵向有一条鼓起的棱脊，体表中间隆起，上下两端凹陷；背面正中同样铸有凸棱，大约在脊的中间位置，有桥梁形的鼻钮状盾握，钮梁上有缠扎的革带纹。

夔龙纹以抽象化的形式装饰于盾面，动感十足。

背面纹饰同样繁密精细，对称排列。

观察铜盾的正面，边沿形如流云，以朱红色线勾画出边栏，内绘天蓝色的流云纹，并以白色的谷壁纹填满空白区，中央绘四条夔龙纹。背面以同样的装饰风格描绘流云纹、谷壁纹以及夔龙纹。根据其纹饰可看出它是皇室贵族才能使用的兵器。

小提示

“安明”双剑纹盾形镜
（宋，台北故宫博物院）

中国盾牌的起源可以追溯到远古时期。原始社会时期，人们为了抵御野兽的攻击和部落之间的争斗，开始用一些简单的材料制作成可以遮挡身体的器具。后代不仅将盾牌作为常见的战场防御工具，还以盾牌为元素制作各式精美的工艺品，例如这件宋代的铜镜就以盾为外形，上方装饰香炉、宝剑等道教元素，不仅造型新颖，还兼具实用性与美感。

这件秦青铜铍通长35.3厘米。

以往出土的铍木柄大多朽烂，只剩下了铍头，也未曾有明确的文献记载，因其与剑形制过于相似，曾一直被认为是短剑。铍是一种长柄兵器，最早被称为“夷矛”，在春秋战国时期正式成为战场上使用的兵器。

西汉时铁兵器逐渐取代青铜兵器，铍改为铁制，西汉中期以后逐渐消失。秦青铜铍的铍身刻有铭文，记载了铸造的年份、机构及生产工匠的名字，信息翔实。秦兵马俑坑发现的青铜铍彰显秦国军事实力的同时，填补了青铜铍研究的空白。

燕国的铍

该铍无格，扁茎，双脊，横截面为六边形。

楚国的铍

楚国的铍像短剑，有格，与吴越风格的铍相近。

赵国的铍

锋

此铍有长锋，脊较为扁平，扁茎且略长。

国宝名称：秦青铜铍

所属年代：秦

出 土 地：秦兵马俑一号坑

秦青铜铍表面饰有若隐若现的花纹，与铍身表面平整度一致，可视而触摸不到，可能是在成型的铍表面涂上液体，铜铍二次回火，液体遇热流动挥发而形成。铍和矛一样是长柄兵器，比矛穿透力更强。铍头似剑，尾装有柲，完整的铜铍铍头还套有鞘，柲末端装有镦。

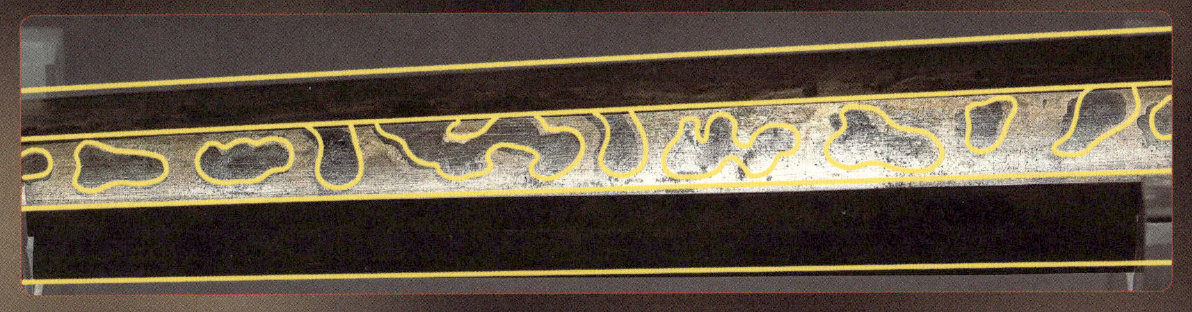

花纹为银白色，似形态各异的小云团，自然分布于其上，且不交错，飘逸自由，增加了铍的轻盈之感。

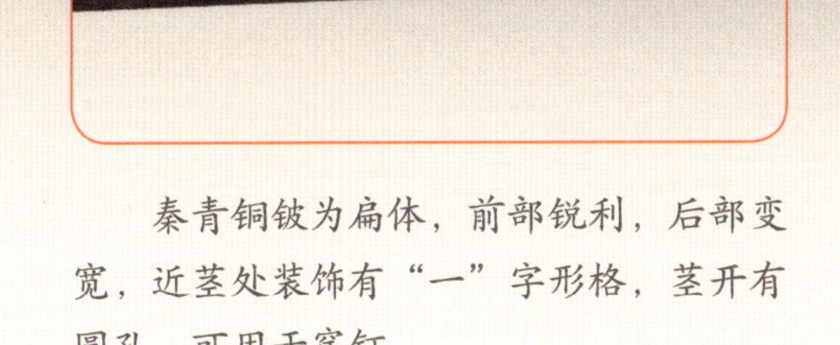

秦青铜铍为扁体，前部锐利，后部变宽，近茎处装饰有“一”字形格，茎开有圆孔，可用于穿钉。

秦青铜鹤

优雅的园中仙鹤

国宝名称：秦青铜鹤

所属年代：秦

出 土 地：秦始皇帝陵K0007陪葬坑

这件秦青铜鹤通高77.5厘米，通长101厘米。

青铜水禽是秦始皇帝陵园中的一类陪葬品，象征着宫廷苑囿。它们的存在，反映了秦始皇对生前奢华生活的眷恋和对死后世界的构想，希望在另一个世界中依然拥有如同生前宫廷般的景致和游乐之所，这件青铜鹤就是其中之一。青铜鹤造型逼真，体型庞大，符合解剖关系，将写实与艺术夸张巧妙结合，具有极高的审美价值，是秦代青铜工艺的杰出代表，也是解读秦代文化与审美意趣的重要实物例证。

青铜鹤造型优美，线条流畅，姿态自然生动，既展现了鹤的灵动活泼，又体现出一种庄重典雅的气质，具有极高的审美价值。虽历经岁月侵蚀，但其通体残留的少量白色彩绘仍能让人想象出它曾经色彩斑斓的模样，为其增添了几分神秘的美感。

青铜鹤尺寸与真实的鹤接近，站立于对角的镂空云纹踏板上，栩栩如生。长曲颈下伸至地面作觅食状，喙中含一铜质虫状物，精准地捕捉到了鹤从水中觅得虫虾后尖喙离开水面的瞬间姿态，充满动感与活力。

青铜鹤以真实的白鹤作为参照对象，脚踩青铜踏板，双腿纤细，头颈低垂，纤长的脖颈呈现“S”形，造型栩栩如生。青铜鹤为空心，身体各部分分别铸造，再通过铸接法、焊接法等方式拼合在一起，打磨平整后上色，犹如真鹤般生动。

鹤双腿纤细修长，爪趾与踏板塑于一体，显得稳健而优雅。其翅端羽毛垂落于尾后，自然流畅，展现出鹤的舒展之美，仿佛遗世独立的仙子一般高贵美好。

小提示

玉仙鹤
（清，台北故宫博物院）

在中国的传统文化之中，鹤具有丰富的象征意义。它代表着长寿、高雅和吉祥，是道家文化中的重要元素。秦始皇追求长生不老，青铜鹤的陪葬或许寄托了他对长寿的祈愿，以及对超脱尘世、追求仙境的向往。这种思想在各个朝代都有延续与发展，例如这件清代的玉仙鹤将鹤与象征长寿的灵芝相结合，既展现了鹤的灵动活泼，又体现出一种庄重典雅的气质，而白玉的材质更是为白鹤增添了几分温润之美。

器物小知识

文物中的瑞鹤形象

《诗经》中有云：“鹤鸣于九皋，声闻于天。”仙鹤不仅在道家思想中是长寿与吉祥的象征，在文人墨客心中亦有着高洁、守信的含义，因此常常在各类书画、文物中出现，让我们共同欣赏一下吧。

松花石松鹤延年图砚
（清，台北故宫博物院）

福寿绵延的愿景

这方砚台的盖子上以松花石雕刻松鹤图案，雕工精细，表达对于长寿的期盼。作为文房用具，它表现了使用者的独特审美与高雅情操。

铜鎏金立鹤
（明，台北故宫博物院）

优雅的化身

这件铜鎏金立鹤昂首挺立，身姿挺拔，双腿修长且强劲有力，稳稳地支撑着整个身体，鹤的头部微微上扬，细长的脖颈自然弯曲。

喜庆热闹的装饰

仙鹤也常常与吉祥纹饰相互组合以作装饰。例如这件花盆将仙鹤与寿桃纹饰相结合，色彩明艳，有着美好寓意。

五彩松鹤长春图花盆
（清，台北故宫博物院）

祥瑞的象征

《瑞鹤图》是宋徽宗赵佶的名画，记录了北宋时期某日宣德门上空祥云笼罩、瑞鹤飞舞的祥瑞之景。画中瑞鹤姿态各不相同，飞鸣于殿宇上空，优雅灵动，画面浅绛设色，笔墨工致。

瑞鹤图（宋，辽宁省博物院）

内涵丰富的动物形象

在历史的长河中，众多精美的文物都有以各类动物作为元素的案例，它们承载着不同时代的信仰、审美与社会记忆。例如神秘的龙、灵动的鹿、健硕的马和长寿的龟等，让我们一起看看文物中都藏着哪些可爱的小动物吧。

彩绘蟠龙纹陶盘（新石器时代，中国考古博物馆）

神秘的龙

“龙”的形象一直被视作中华民族的象征。这件彩绘蟠龙纹陶盘盘心绘有一条蟠龙，是迄今为止中原地区发现的最早的蟠龙图像文物。龙蜿蜒盘踞在陶盘中央，展现出一种原始而神秘的美感。龙的形象显然是融合了各种动物元素，具有强烈的图腾意义。

鎏金舞马衔杯纹银壶（唐，陕西历史博物馆）

拓展话题

玛瑙兽形水注（清，台北故宫博物院）

长寿的龟

早在夏商周时期，古人就常常依靠龟甲来占卜祸福吉凶，同时龟也象征长寿。这件玛瑙龟形水注雕刻精美，龟背上的开口用以注水，兽首前方还有一只用于盛水的小杯。

《九色鹿王本生图》（局部）（北魏，敦煌莫高窟第257窟）

灵动的鹿

鹿因善良温驯的性格被视为真善美的化身，敦煌莫高窟中的《九色鹿王本生图》便描绘了九色鹿舍己救人的故事。

健硕的马

马在古代既是重要的交通工具，也是军事力量的象征。唐代东西方交流繁密，这件鎏金舞马衔杯纹银壶显示出浓郁的草原民族特色，鎏金装饰的卧马以浮雕形式呈现，动感十足。

秦青铜天鹅

曲项向天歌

国宝名称：秦青铜天鹅
所属年代：秦
出 土 地：秦始皇帝陵K0007陪葬坑

这只青铜天鹅通高39.5厘米，通长91.5厘米。

在青铜水禽的坑洞中除了青铜鹤外还有青铜天鹅，这些青铜天鹅造型极为生动，呈现出动态过程中的多样瞬间形态。坑内沁水严重，因此大部分青铜水禽有严重锈蚀痕迹，但从造型来看，水禽大而真却又不失细节，展现出高超的铸造工艺。青铜水禽在秦代考古中属首次发现，打破了人们对青铜礼器造型与装饰的传统模式认知，具有极高的学术价值。

青铜天鹅（其二）

这只天鹅双腿站立，头部扬起，脖颈的“S”形曲线婉转优雅，而鹅的头部骨节明显，口喙硬挺，将肉的柔软与骨的坚硬表现得十分到位，可见工匠高超的塑形功力。

这只青铜天鹅的鹅掌在身后弯折，似是在使劲后蹬发力，充满韧劲，以青铜为原料将肉体的质感表现得十分到位。

青铜水禽的坑洞中出土的青铜天鹅或优雅站立在长方形的青铜踏板上，伸长脖颈，仿佛要一展歌喉；或弯曲回首，似在与同伴亲昵互动；或安静地休憩着，好像沉浸在自己的世界中，每一只天鹅的姿态都栩栩如生，将天鹅的自然生活场景凝固于青铜之中。

这只青铜天鹅脖颈弯曲向下探，仿佛在屏气凝神关注着水中的游鱼，修长的脖颈尽显优雅，虽然天鹅锈蚀严重，但仍残留白色颜料痕迹。

秦铜箭箙

箭支的收纳盒

国宝名称：	秦铜箭箙
所属年代：	秦
出 土 地：	陕西省临潼区秦始皇帝陵封土西侧20米陪葬坑

秦铜箭箙通体彩绘纹样，这些彩绘纹样不仅具有装饰性，也可能具有一定的象征意义，或与秦代的文化、军事等相关，增加了秦铜箭箙的艺术价值。秦铜箭箙的厚度极薄，因为实战过程中内部需盛装大量箭矢，轻薄的设计可以减轻重量，便于携带。

秦铜箭箙两边衔接两条铜链条，链条链接于车舆内的铜钩上，但箭箙非悬空而是置于车舆底板上。便捷的装配可看出箭弩是马车上常用的攻、防兵器之一。

箭箙即箭匣，是置于车上的盛矢器，主要用于存放和运输箭支，方便在作战或狩猎等活动中使用。在秦代的战车或其他车辆上，秦铜箭箙是重要的装备之一，为弓箭手提供了便捷的箭支储备方式。秦铜箭箙出土时位于一号铜马车舆底的前端中部轼前掩板下，虽隐蔽但拿取方便。该文物出土之前并未有过类似实物的出土以及图像资料等，因此这件文物的首次发现，填补了秦代文物研究中的一项空白，丰富了人们对秦代军事和文化的认识。

秦铜箭箙呈长方形盒状，弧形底，有左右两片可自由开合的盖，这种设计既方便箭支的存放和取用，又能很好地保护箭支。

箭箙出土时内部装有54支铜箭，这些铜箭是研究秦代兵器和军事技术的重要实物资料，反映了当时秦国在兵器制造方面的工艺水平和标准化生产程度。

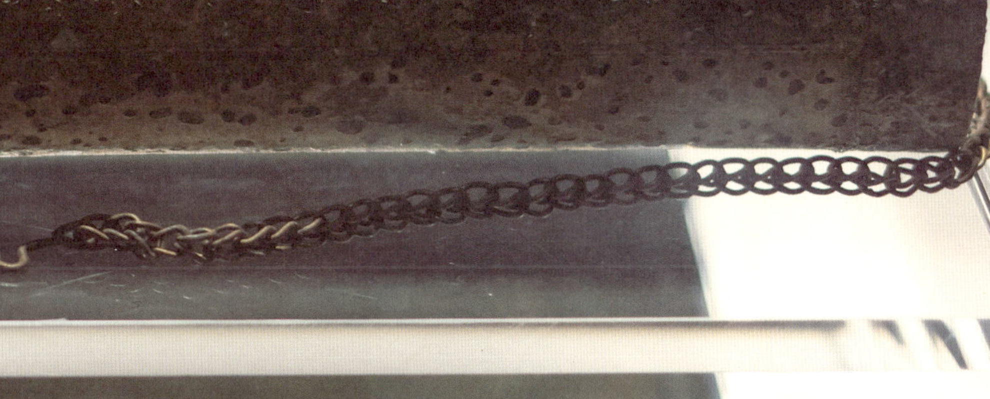

小提示

秦兵马俑坑出土的箭镞约有4万件，分为大型和小型两类，标准化生产，误差极小，由坚硬的铜锡合金制成。从箭镞、箭箙的出土可以看出秦代已经在战争中普遍并熟练地使用箭弩。箭镞头部呈三棱形，铤呈圆柱形，箭身轻便，飞行迅疾，杀伤力强。

秦青铜箭镞（秦，秦始皇帝陵博物院）

秦铜权

秦代统一度量衡的物证

国宝名称：秦铜权
所属年代：秦
出 土 地：秦始皇帝陵园西侧内外城垣间的飤官遗址

这件秦铜权通高7.3厘米，肩径3.9厘米，底径5.4厘米。

秦铜权是秦代统一度量衡后的见证，所谓“权”，即是砝码的意思。秦始皇帝陵出土的铜权体量相差细微，这件秦铜权是秦代衡器中的典型代表，在历史长河中见证了秦国统一度量衡的关键变革，承载着深厚的文化内涵与历史价值。

遗址共出土有三枚秦铜权，它们均铸于秦二世时代，其中一枚重325克，另两枚重254.6克和256克，相差极小，此重量约为秦代的1斤。

秦铜权之上有两段刻文，一面刻有秦始皇二十六年（公元前221年）统一度量衡的诏书：“廿六年，皇帝尽并兼天下诸侯，黔首大安，立号为皇帝，乃诏丞相状、绾，法度量则不壹，歉疑者，皆明壹之。”另一面则刻有秦二世元年的诏书，内容主要是强调继续推行秦始皇的统一度量衡政策。

在铸造过程中，工匠们对铜、锡等金属的配比掌握精准，使得秦铜权质地坚硬，耐磨损，能够长期保持稳定的重量标准。秦国制定了严格的法律来保证度量衡的统一，例如，规定度量衡器具必须定期进行校验，若误差超过规定范围，相关人员会受到严厉惩罚。

这枚秦铜权上部有一钮，内部为空心结构，呈十七棱面，上面刻有两段铭文，内容源自秦始皇二十六年和秦二世元年统一度量衡的两道诏文。这些铭文是研究秦代制度的关键资料，而秦铜权本身也见证了秦国统一度量衡的历史变革，承载着深厚的历史文化价值。

小提示

商鞅方升（秦，上海博物馆）

前文提到秦国早在战国时期就在商鞅变法之下进行了度量衡的统一，促进了贸易的公平公正。其中秦铜权便是衡量重量的标准之一，此外这件商鞅方升也是衡量重量、长度的标准量器，其容量为秦国标准的一升。

秦乐府钟

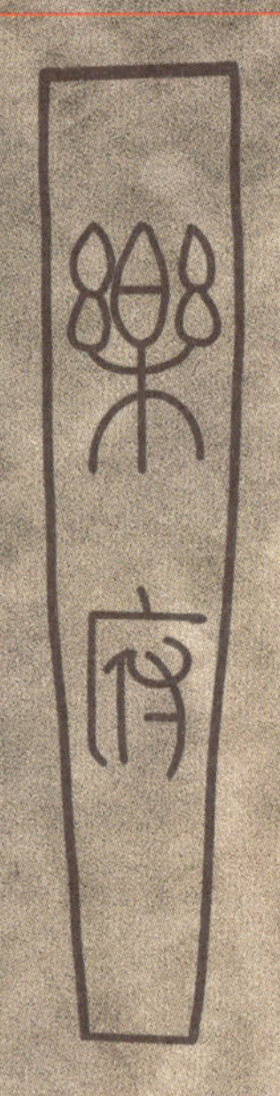

钟的钮部所刻的“乐府”二字，证实了在秦代已经有了乐府机构。同时钟的内部有四个音脊，且有锉痕，证明其音准经由人为调整修正过。

国宝名称：秦乐府钟
所属年代：秦
出 土 地：秦始皇帝陵园西侧内外城垣间的飤官遗址

这件秦乐府钟通高13.3厘米，两铣间7.2厘米，鼓间5.8厘米，舞修6厘米，舞广4.8厘米。

这件乐府钟同样出土于秦始皇帝陵园西侧内外城垣间的飤官遗址，一经出土便受到世界关注，乐府钟曾流失海外，最终在多方努力下购回并移交秦始皇帝陵博物院珍藏。乐府钟造型精美，装饰华丽。1982年，音乐家吕骥敲响了乐府钟，并鉴定了其为C调，乐声清脆，音准度高，不禁让人感叹秦代乐器制作工艺的精湛。

这件乐府钟由青铜铸造，上有鼻型钮，钮上刻“乐府”二字，泡形枚，钟外壁以错金银工艺装饰有蟠螭纹、云纹等纹饰，钟内部同样刻有纤细的阳线云纹。秦乐府钟的出土体现了古人在物质与精神上的双重追求，为后人留下了跨越时空的艺术瑰宝。

秦乐府钟纹样展开图

该乐府钟钲篆四周装饰双细阳线弦纹，篆上装饰错金云纹，两铣、顶篆、鼓下缘饰错银云纹，钲、鼓饰错金蟠螭纹。金、银线条在青铜的衬托下色泽亮丽，动感十足。

小提示

西汉错金铜豹（汉，河北博物院）

错金银工艺是在青铜器表面錾刻线槽、嵌入金银丝片并打磨平整，形成华丽的装饰效果。这一工艺始于春秋，鼎盛于战国秦汉，常用于贵族礼器、车马器及兵器装饰。例如，这件西汉错金铜豹以错金工艺装饰豹身花纹，造型华丽，光彩夺目，是古代的压席工具。

器物小知识

错金银工艺装饰的华丽文物

春秋战国时期的青铜器进一步发展，此时期的贵族们已不满足于单一的青铜器，便在青铜器上发展出错金银的装饰工艺，错金银工艺在汉代十分盛行，其装饰的文物不仅彰显出使用者的高贵身份，也成了后世的无价之宝。

华丽的桌案

这件错金银四龙四凤铜方案座整件作品共使用了188块泥范，有近百个焊接、铸接点，按照预定步骤和层次精心铸造连接而成。周身用金银错工艺装饰有艳丽的纹饰，复杂精巧。整体造型动静相宜，刚柔相济。

错金银四龙四凤铜方案座（战国，河北博物院）

错金银云纹青铜犀尊（汉，中国国家博物馆）

比例精准的犀牛

这件错金银云纹青铜犀尊属于动物造型酒尊，呈犀牛形。犀牛造型昂首伫立，精神抖擞，无论是骨骼比例还是肌肉纹理，均与现实中的苏门犀极为接近。

精巧的构件

这件藏品出自徐州东洞山二号楚王后墓，是汉代乐器构件中的稀世珍品，构件虽小，但镶满钻石，四周运用了错金技术勾勒出正六角形轮廓，六角之外，则装饰着六个错银三角花瓣，金银交错，璀璨耀眼。

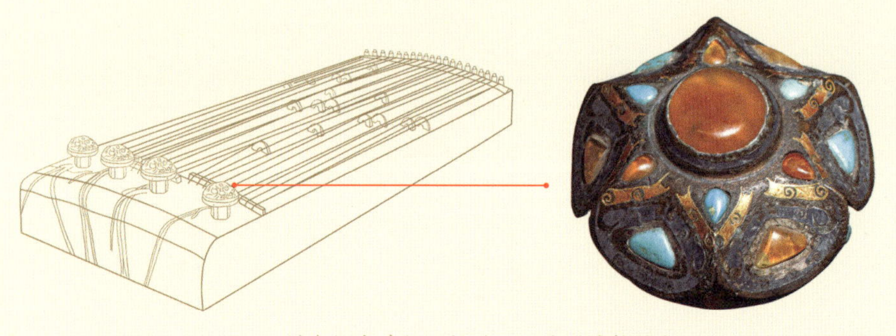

错金银嵌珠铜瑟枘（汉，徐州博物馆）

文物中的歌舞升平

拓展话题

在中华文明的漫漫长河中，乐舞始终是文明传承的重要载体。战国曾侯乙编钟那浑厚的乐音，在湖北随州的土地上回荡，隋代张盛墓中的伎乐舞女俑还原了古时的歌舞盛景……让我们一起随着这些精美文物展开一场“乐舞派对”吧。

《韩熙载夜宴图》（局部）（宋，故宫博物院）

彩绘散乐浮雕（五代，河北博物院）

传统书画中的闲情雅致

在传世的书画作品当中，也常常可见古人对于乐舞的热爱，《韩熙载夜宴图》当中，众人围坐一堂，正在欣赏着教坊副使李家明之妹弹奏琵琶，众人皆陶醉其中，但唯独韩熙载心事重重。

婉转悠扬的传统乐器

彩绘散乐浮雕描绘了一支正在演奏宫廷乐曲的乐队，共15人。演奏者分为前后两排，站位高低错落，手持弹拨乐器、打击乐器和吹奏乐器等各类传统乐器，低眉垂目，表情肃穆沉静。

歌舞升平的太平景象

这组伎乐舞女俑出土于河南省安阳市张盛墓。其中8件为乐俑，这些乐俑形象生动，跽坐演奏，剩余的5件为舞俑，一众舞伎挥舞长袖，姿态翩然。

张盛墓出土伎乐舞女俑（隋，河南博物院）

曾侯乙编钟（战国，湖北省博物馆）

气势磅礴的礼乐之声

这套编钟既是先秦时期的宫廷乐器，也是象征帝王权力的礼器。是中国迄今发现规模最大、保存最好、音律最全、气势最恢宏的一套编钟，代表了中国先秦礼乐文明与青铜铸造技艺的最高成就。

金属器

METAL WARE

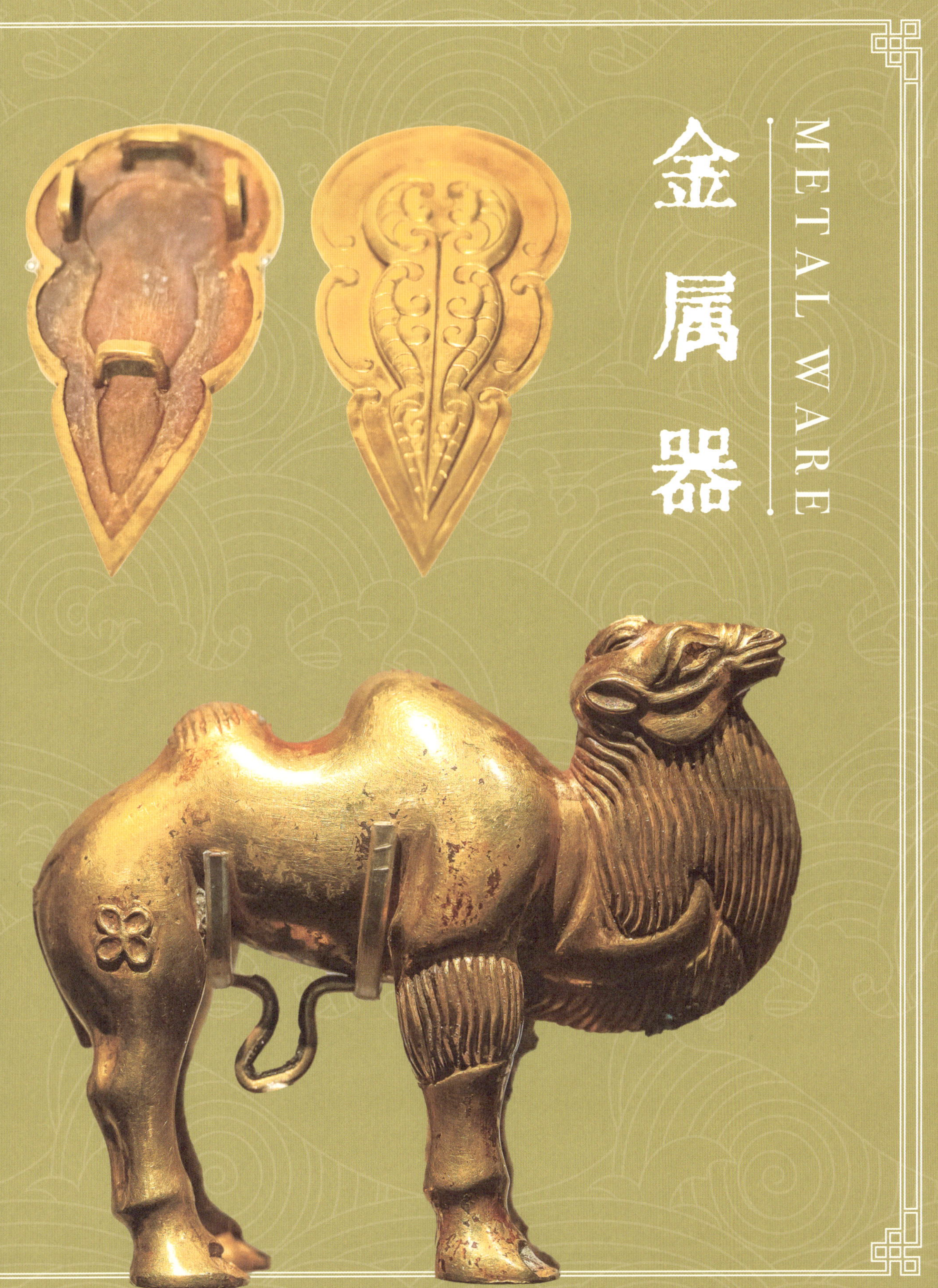

秦金当卢

独当一面的金当卢

金当卢的背面铭刻“十二”字样，还有四个桥型钮，用于在马络头上穿系固定。

国宝名称：秦金当卢
所属年代：秦
出 土 地：陕西省临潼区秦始皇帝陵封土西侧20米陪葬坑

当卢是古代马具的重要组成部分，安装在马额头的部位，以马络头与圆泡状节约相互连结，主要起到装饰和一定的防护作用，以金子作为原材料，更为彰显马主人的身份地位。此外，秦代马匹在军事和交通等方面有着重要作用，金当卢作为马具装饰，体现了当时对马的重视以及对装备的精细化要求，为研究秦代的马政、军事装备以及社会等级制度等提供了重要的实物资料。

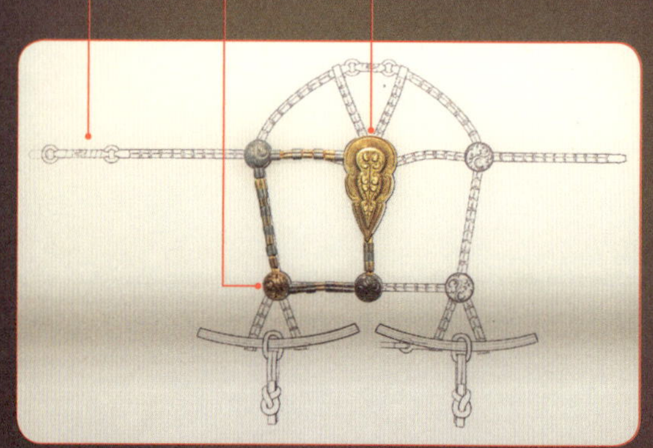

金当卢的造型设计独特，线条简洁而富有力量感。整体形似树叶，上端较宽而下端渐窄，边缘线条流畅自然，给人一种灵动的美感。在当卢的表面，常常会有一些凸起或凹陷的设计，如这件文物中部纹样凸起呈浅浮雕状，增强了器物的立体感。

小提示

有学者认为当卢在商代时期便已出现，在殷墟出土的马络头中部装饰有大型铜泡，已具有早期当卢的形状，随着时代的演变，制作当卢的材质更为多样，款式也更为精美。例如，右图这件青铜当卢采用错金工艺，描绘了朱雀、玄武、青龙、白虎翱翔于日月云海中的奇妙景象。

西汉错金神兽纹青铜当卢
（汉，江西省博物馆）

金当卢运用了錾刻工艺，正面用细线勾画出流云纹，中部有两条蟠虺纹组成的蝉纹，纹样向上凸起，佩戴于马头之上，更显神采奕奕。

金舞袖俑

秦代艺术的袖间风华

金舞袖俑的服饰既非文官俑也非武官俑形制，而是乐舞俑服饰。此外，历史上出土的各类舞乐俑多为女性舞俑，这件金舞袖俑的出土也填补了历史上没有男性舞俑的空白。人俑的表情与姿态都刻画得十分生动，展现了工匠对人物形象的把控力。

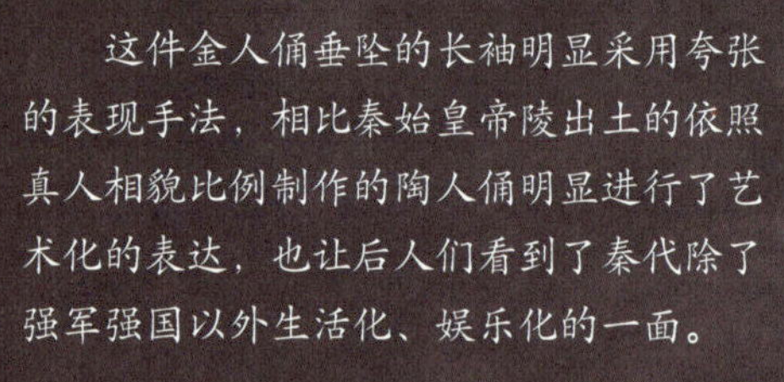

这件金人俑垂坠的长袖明显采用夸张的表现手法，相比秦始皇帝陵出土的依照真人相貌比例制作的陶人俑明显进行了艺术化的表达，也让后人们看到了秦代除了强军强国以外生活化、娱乐化的一面。

国宝名称：金舞袖俑

所属年代：秦

出土地：秦始皇帝陵外城西侧一号陪葬墓

这件金舞袖俑通高7.5厘米，宽8厘米。

自2011年起，考古人员对秦始皇帝陵西侧的9座大、中型墓葬进行持续性发掘，其中一号墓规格极高，是秦代的高级贵族墓葬，出土有金舞袖俑、金骆驼等贵重文物，靠近秦始皇帝陵封土的优越位置也彰显了墓主人身份的高贵。这件金舞袖俑运用了锤揲、錾刻、打磨等多种工艺，人物表情传神，线条刻画流畅，展现了高超的制作工艺，同时也有助于研究秦代的艺术风貌与服装形制。

金舞袖俑的表情塑造可谓神来之笔，舞袖俑眉毛上扬且舒展，似随节奏而舞动，传递出一种欢快、投入的情绪。大大的嘴巴咧开，毫不掩饰地开怀大笑，甚至露出了牙齿，让人仿佛身临其境感受到现场热烈的氛围。金舞袖俑的笑容和动作，或许与当时人们的精神生活、娱乐活动相关，为研究古代社会生活提供了线索。

金舞袖俑的衣袖以夸张的造型加以表现，一臂向上伸展，长袖自然下垂，如行云流水般飘逸；另一臂则撸起衣袖，手挽着衣服的下摆。长袍线条流畅，腰间束带，更显身姿灵动。

三彩乐舞俑

（唐，陕西唐三彩艺术博物馆）

小提示

乐舞俑是古代皇亲贵胄们娱乐方式的生动反映，在后代的高规格墓葬之中，也常出现各式各样的乐舞俑，例如这组唐代三彩乐舞俑由四位乐手及四位舞者构成，乐手居中而坐，演奏音乐，舞者立于两侧翩翩起舞。

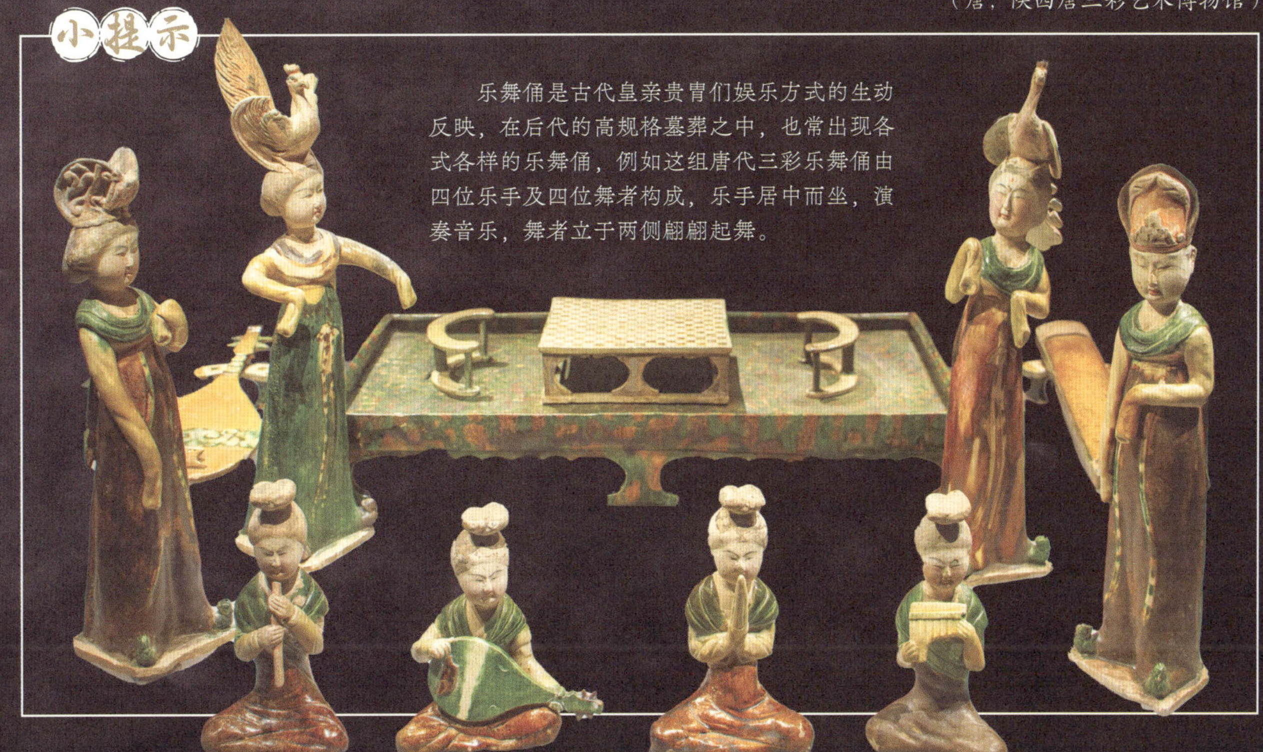

金骆驼

东西交流的见证

骆驼背上的双峰高耸，峰尖圆润，里面仿佛储存着满满的能量。驼峰经打磨后的圆滑与鬃毛的粗粝形成对比，更加凸显了动物的皮毛质感。

国宝名称：金骆驼
所属年代：秦
出 土 地：秦始皇帝陵外城西侧一号陪葬墓

在庞大的一号陪葬墓当中，还出土有一件小巧的金骆驼。这件金骆驼是目前中国发现最早的单体金骆驼。骆驼以圆雕的形式表现，双峰高耸，富有质感，骆驼颈部和腿部的毛发也被细致地表现出来，为整个造型增添了飘逸感。将骆驼这一来自西域的动物形象用黄金铸造出来，反映了汉代丝绸之路以前中西文化交流的情况，因此该文物具有重要的历史意义和艺术价值。

骆驼的头部刻画细腻，双眼炯炯有神，仿佛在警惕地观察着周围环境，眼神中透露出一种坚韧和顽强。耳朵向后竖起，似乎在倾听着远方的声音，工匠对细节的处理使得骆驼的神态更加生动鲜活。此外，骆驼的嘴巴微微张开，露出牙齿，仿佛在呼吸或发出声音，增强了作品的真实感。

金骆驼的四肢粗壮有力，肌肉线条明显，臀部肌肉紧实，展现出骆驼强大的负重能力和耐力。臀部还刻有一四瓣花纹，很可能是用作标记所属或装饰之用。

金骆驼为双峰驼造型，身姿矫健，体态逼真，仿佛正迈着沉稳的步伐在沙漠中前行。其身体比例协调，结构准确，从头部到驼峰，从躯干到四肢，都展现出骆驼在行走时的动态美感，给人一种栩栩如生的感觉。

小提示

酒神图驮囊陶骆驼（隋，陕西考古博物馆）

有赖于汉代丝绸之路的开通，中西贸易变得异常繁密，骆驼成为东西交流当中重要的交通工具之一。而骆驼这一形象也在各类型文物中频繁出现，成为展现东西贸易繁荣的元素之一，例如这件酒神图驮囊陶骆驼，囊袋之上刻画了西方的酒神形象，极富西域特色。

器物小知识

用作装饰品的华丽金饰

金饰不只是简单的金属制品，更是身份与地位的象征。金饰的种类丰富多样，是历朝历代贵族们热衷的华丽装饰品，涵盖了手饰、头饰、颈饰、耳饰等多个品类，它们不仅承载着对美的追求，更蕴含着深厚的历史文化内涵。

镂空葫芦形金耳坠（一对）
（明，中国江南水乡文化博物馆）

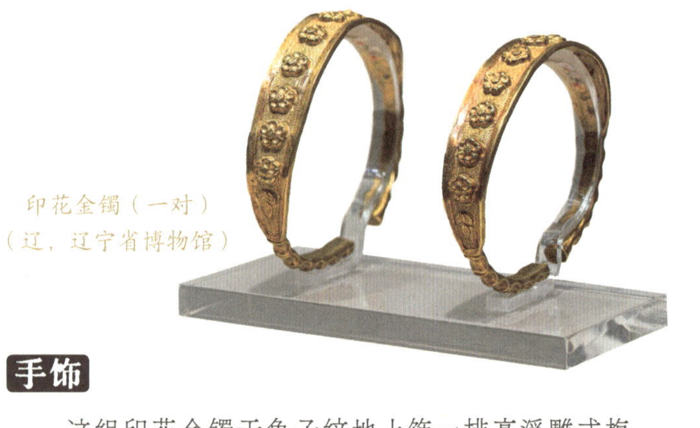

印花金镯（一对）
（辽，辽宁省博物馆）

耳饰

这件镂空葫芦形金耳坠长长的弯钩下连接着由金累丝花球串联而成的镂空葫芦，葫芦空心，上小下大，花球之上花团簇拥，颇为精致。

手饰

这组印花金镯于鱼子纹地上饰一排高浮雕式梅花纹，花朵为主，点缀以叶片；两边渐窄，饰凹凸状竹节纹。整器形态端丽，有着美好寓意。

颈饰

这件出土于陕西西安梁家庄隋代贵族李静训墓的金项链极为耀眼。项链使用大量黄金、宝石、珍珠等，且具有浓浓的波斯风情，足见墓主的身份尊贵。

嵌珍珠宝石金项链
（隋，中国国家博物馆）

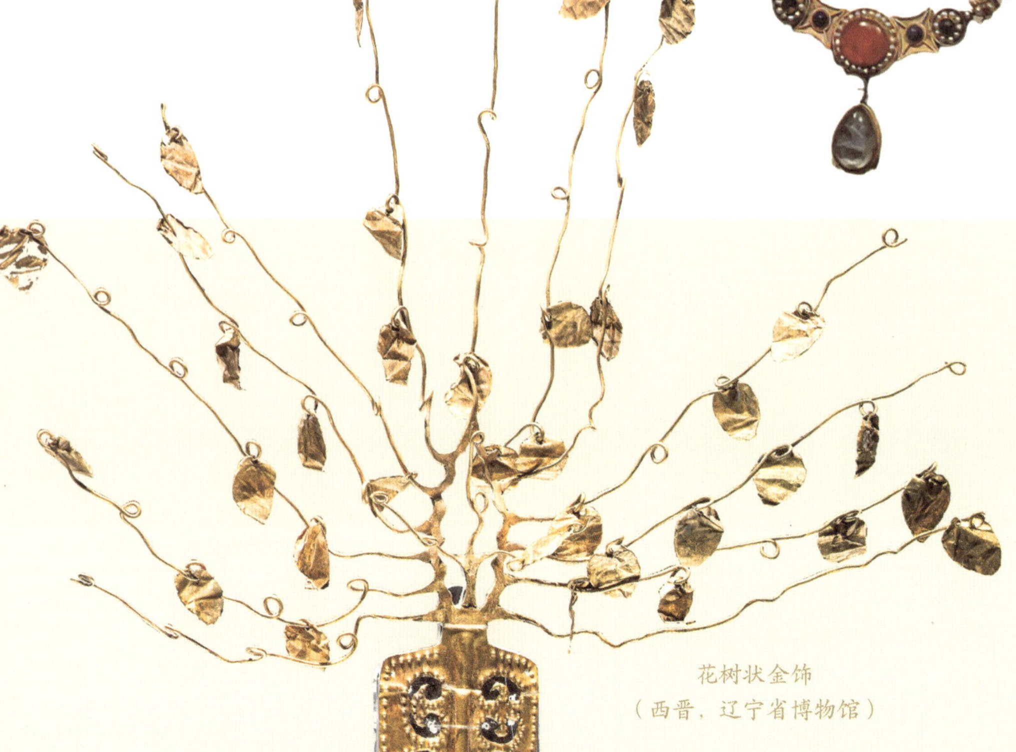

花树状金饰
（西晋，辽宁省博物馆）

头饰

这件花树状金饰不仅是三燕时期贵族的专属金饰，更是慕容鲜卑等北方民族独特的文化象征。这件金饰以其精湛的工艺和独特的造型，展现了北方草原民族的美学追求。

常见的金银器纹样

拓展话题

金银器的样式与种类随着时代发展不断丰富，从实用器具到精美饰品，每一件都是艺术的结晶，其上的纹样更是不断演变，成为文化传承与创新的独特载体，例如象征皇权威严的龙纹、寓意吉祥美好的八仙纹等，每一种纹样都蕴含着深厚的文化内涵。接下来，让我们一同来欣赏丰富多样的金银器纹样。

嵌宝石莲纹金盒
（明，南京市博物馆）

“福”“寿”“康”“宁”铭金戒指
（明，常熟博物馆）

镂空凤鸟纹金冠
（辽，甘肃省博物馆）

莲花纹样

莲纹是佛教纹饰之一，具有神圣超脱的寓意。这件嵌宝石莲纹金盒在方形的盒盖中心分布规则的莲纹，花心与花瓣上又镶嵌有红蓝宝石，给人华贵神秘之感。

吉祥文字纹样

各种包含吉祥含义的文字也常常作为纹样来装点首饰，例如这组金戒指以“福”“寿”“康”“宁”的单字镂空装饰在戒指中央，既达到装饰作用又包含美好祝愿。

龙凤纹样

龙凤纹样是皇室贵族金银饰品中常出现的纹饰类型，代表着使用者的崇高地位。例如这件镂空凤鸟纹金冠在镂空的冠帽上饰有围绕火焰宝珠盘旋的两只凤鸟，整器端庄华美。

金镂空葵瓣龙纹盒（清，台北故宫博物院）

暗八仙纹样

暗八仙纹由八仙纹派生而来，通常表现道教八仙的形象，后以简化的八仙法器代指各位神仙，用以表达吉祥、祝寿等含义。如这件金镂空葵瓣龙纹盒以暗八仙纹装饰盒盖四周，显示出清代宫廷极高的金银器制作工艺。

陶器

POTTERY WARE

秦鞍马骑兵俑

千里马与骁勇的骑兵

国宝名称：秦鞍马骑兵俑
所属年代：秦
出土地：秦兵马俑二号坑

秦代盛行以陶俑陪葬的丧葬仪式。鞍马骑兵俑作为庞大兵马俑的类别之一，是为了守护秦始皇的地下世界而被制造的。这件鞍马骑兵俑由骑兵俑和战马两部分组成，人俑与马匹以真人真马为原型，工艺精湛，令人惊叹叫绝。无论是马匹飘扬的毛发还是骑兵盔甲上的甲片，其纹路都清晰可辨，可谓是秦代雕塑工艺高水平的代表，对于研究秦代的军事构成以及骑兵服饰具有重要的史料价值。

甲片的雕刻细致入微，形状规整统一，边缘整齐光滑，有力地凸显了盔甲的立体感与生动感。

骑兵俑身材相对矮小精悍，头戴小帽，脚蹬皮靴，整个装束轻便灵活，仿佛一声令下就可以上场作战。骑兵俑身后跟随的战马高大健壮，两耳直立，胸肌饱满，马尾为了避免干扰作战被编成辫子，与骑兵的英勇形象相得益彰。

秦国地处西北，长期与戎狄杂居，善于养马牧马，这为骑兵的产生奠定了条件。骑兵是一支重要的军事力量，他们行动迅速，机动性强，在战争中发挥了关键作用，是秦始皇结束长期的诸侯割据实现大一统的有力支撑。作为研究古代军事史的珍贵物证，这件鞍马骑兵俑所塑造的秦代战马高大健壮和骑兵精悍有力的形象，让建立大一统王朝金戈铁马的那段历史变得具象化，有力地彰显了中华民族文化中的尚武精神。

骑兵俑形象生动，头戴皮弁，外穿短小紧身的铠甲，面部表情严肃，眼神坚毅果敢，双手自然下垂，整个人老成干练，仿佛随时准备好驰骋沙场、奋勇杀敌，生动地展现了秦国军人的骁勇善战。

战马形象逼真，两耳高耸，睁大的马眼似两颗悬铃，眼神沉稳而坚定，健壮的肌肉线条自然流畅，就连耳边茸毛的纹路都显得格外清晰，身上的装备周全而精细。足见匠人对动物塑造的精准把握。

秦中级军吏俑

将军身旁的得力副手

国宝名称：秦中级军吏俑
所属年代：秦
出 土 地：秦兵马俑二号坑

在宏大的兵马俑坑当中，士兵按照不同的等级，衣着、站位皆不相同，中级军吏俑一般站于将军俑两侧作为副手，也有的站立于士兵队列前方作为领队。这件中级军吏俑头戴双板冠，右手呈抓握状，似握有佩剑，左手前伸仿佛在探讨军情，生动地还原了秦代中级军事指挥官的风貌。通过对不同等级兵马俑进行观察和研究，后人可以了解秦代的军事制度、服饰文化和雕塑艺术。

这件秦中级军吏俑头戴双板冠，身着长襦和甲片排列方正整齐的铠甲，铠甲背后以革带捆绑。人俑双目有神，神情威严，服装头饰刻画精细。整体生动还原了秦代中级军事指挥官的风貌，展现出精细的制作工艺与鲜明的个性特征。

这件中级军吏俑身上铠甲的甲片排列方正整齐，不仅起到防护作用，还彰显出中级军吏在军队中的地位。和其他中级军吏俑不同，这件军吏俑的铠甲只有身前部分，背后以革带捆绑，类似如今的“背带”穿法。

兵马俑数量庞大，但每件俑的细节制作却丝毫不含糊。细看陶俑的头部可见头发刻画得纹丝不乱，层叠关系清晰，发丝分毫毕现，足见陶匠精细的制作工艺。

中级军吏俑头戴双板冠，在秦代，不同等级的士兵头上所戴冠帽不尽相同，将军头戴鹖冠，表现将领的英勇，而士兵的头上则不佩戴冠帽。

人俑的面部神情塑造得十分生动。双目炯炯有神，凝视前方，仿佛在关注着战场局势；眉毛微微上扬，给人一种警觉和敏锐之感；两撇八字胡修剪整齐，嘴唇紧闭，线条硬朗，显示出其坚定的意志和果断的性格。

秦袖手俑

睿智谦和的文官形象

袖手俑的腰间垂挂的削是用来削去竹简上的错字的，而砥石则是用来磨光削所用。

国宝名称：	秦袖手俑
所属年代：	秦
出 土 地：	秦始皇帝陵K0006陪葬坑

这件秦袖手俑通高184厘米，肩宽44厘米。

秦始皇帝陵K0006陪葬坑位于秦始皇帝陵封土西南约50米处，坑内出土有袖手俑8件，人俑身穿交领右衽长襦，头戴长冠，面露书生气，与其他兵马俑的衣着、面貌有着明显的区别，既不张扬又不失自信，透露出内在的文化素养和精神气质，符合人们对秦朝官员形象的想象，因此又称“文官俑”。人俑的出土也为进一步了解与研究秦代文官制度提供了实物依据。

袖手俑头戴高冠，冠带系于颌下，身穿及膝长襦，袖手而立，腰间系带，下着长裤，脚踩齐头方口浅履。人面上涂明显的白色颜料，以表现文人白净的面貌特征，衣服自然下垂的状态生动地塑造出了人物的立体感。

人俑面容清癯，肤色白皙，眉眼舒展平和，双眼透着睿智与谦逊，给人饱读万卷诗书之感。鼻梁挺直而不失秀雅，双唇线条柔和，带着若有若无的温和笑意，尽显谦谦君子之风，给人一种温润如玉、亲切和蔼之感 。

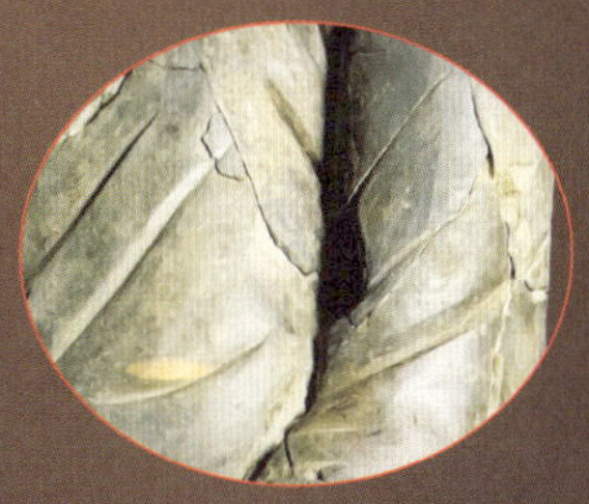

在袖手俑左臂与身躯之间还留有空隙，应为插竹简预留。

人俑袖手而立，袍服质地厚重，衣纹线条自然流畅，富有层次感，表现出了衣服的质感和人体的形态，既显得优雅从容，又透露出一种内敛和含蓄的气质，仿佛人物在安静地等待着指令或任务。

小提示

虽然袖手俑夹着的竹简已经丢失或腐化，但我们仍可从出土文物中窥见大秦帝国的历史。这件里耶秦简九九乘法口诀表是目前世界上发现的最早、最完整的乘法口诀表实物。

里耶秦简九九乘法口诀表
（春秋战国，里耶秦简博物馆）

秦立射俑

国宝名称：秦立射俑
所属年代：秦
出 土 地：秦兵马俑二号坑

立射俑出土于秦兵马俑二号坑东北角的弩兵方阵，往往与跪射俑相互配合，进行远程射击。立射俑神情专注，仿佛在全神贯注地瞄准目标，同时其人体结构的塑造、人物重心的拿捏都十分精准到位。这件立射俑虽然只是庞大士兵俑群中的一件，但我们仍能够以小见大，感受到秦代强大的军事力量和高度的组织纪律性，以及秦代工匠高超的雕塑技艺和对人体结构的深刻理解。

立射俑着交领右衽长袍，未穿甲衣，往往在军队后排位置，这也体现出远程射手的防御模式。

这件立射俑的头顶右侧扎着圆髻，身穿齐膝的长襦，一只脚略跨出一步，呈现出“丁”字形的站姿，左腿轻微弯曲，右腿向后绷直；左臂半举向左，右臂则横于胸前，手掌张开。整体身体微微转向左侧，呈现出准备拉弓射箭的姿势，展现出轻装步兵站立射箭的动作。

立射俑的服饰细节丰富，衣服的褶皱、纹理以及腰带的系法等都清晰可见，展现了秦朝的服饰文化和制作工艺。其手持的弩虽多已腐朽，但遗留的青铜质弩机和箭镞等部件，显示出秦国军事装备的精良。青铜弩机机械结构复杂且精准，反映了当时先进的军事技术水平。

立射俑属于下级士兵，因此头上不戴冠帽，与跪射俑类似，都绾圆髻，头后方可见发辫，发丝细节清晰。人物符合“三庭五眼”的面相标准，眼神警觉，微微蹙眉，让人仿佛能真切感受到战场的紧张氛围。

器物小知识

不同朝代的陪葬俑

奴隶制社会实行残忍的人殉制度，春秋战国时期，随着奴隶制的瓦解，陪葬俑应运而生，即以陶、木、瓷等材质制成人形，替代活人陪葬。从秦汉的雄浑大气，到隋唐的华丽多彩，再到宋元明清逐渐衰落，陪葬俑作为古代丧葬文化的重要载体，不仅是精美的艺术品，更是历史的见证，为我们了解古代社会的政治、经济、文化、军事等方面提供了珍贵的实物资料。

绿釉立姿陶狗（汉，河南博物院）

击鼓说唱俑（汉，中国国家博物馆）

秦汉时期

秦兵马俑作为“世界第八大奇迹”享誉世界，而汉代的陶俑品类则更为丰富，例如通过卖力表演来逗笑观众的击鼓说唱俑、神采奕奕的绿釉立姿陶狗，它们为我们还原了汉代丰富的社会生活。

隋唐时期

隋唐时期的陪葬俑艺术风格逐渐趋向精致与豪华，多为三彩陶制成的仕女俑、文吏俑，以及各类动物俑，俑的形象多体态丰腴，是时代风貌的集中体现。

三彩马球仕女俑（唐，台北故宫博物院）

宋元明清时期

唐代以后，随着焚烧纸类明器的盛行，陪葬俑逐渐衰落，至清初逐渐消失。这组彩绘仪仗俑群表现的是明代藩王朱诚泳的仪仗队伍，此时期陪葬俑的军事色彩已大大减弱。

彩绘仪仗俑群（明，陕西历史博物馆）

霸气皇陵中的稀世珍宝

拓展话题

古人常言“事死如事生”，古代皇室贵族对陵墓的修建极为重视，他们视陵墓为自己在另一个世界的归宿，是权力与尊严的延续之所，因此不惜耗费大量金银来修建陵墓，并陪葬大量奇珍异宝以彰显身份地位。让我们一起来领略那些帝王陵墓中出土的精美文物吧。

裸体陶俑（汉，汉景帝阳陵陪葬坑）

汉阳陵

汉阳陵是汉景帝刘启和其皇后王氏的合葬陵寝，陵墓中陪葬大量裸体彩绘陶俑，此外还有塑衣式跽坐拱手俑，体现出“文景之治”时期平和的社会氛围。

塑衣式跽坐拱手俑（汉，汉景帝阳陵博物院）

蟠虺纹龙形玉饰（汉，南昌汉代海昏侯国遗址博物馆）

马蹄金（汉，南昌汉代海昏侯国遗址博物馆）

海昏侯墓

海昏侯刘贺身为汉武帝之孙，历经昌邑王、短暂称帝又遭废黜，最终被贬为海昏侯。其墓葬出土的蟠虺纹龙形玉饰以透雕工艺展现汉代玉器的巅峰水准，数量庞大的马蹄金印证着墓主人特殊的政治地位，堪称汉代列侯墓葬的典范。

明定陵

明定陵是明神宗与孝端、孝靖两皇后的合葬墓，地宫结构堪称明代皇陵规制的代表，其中共出土文物近3000件，孝端皇后的凤冠、明神宗的金翼善冠都出土于此。

金翼善冠（明，定陵博物馆）

孝端皇后凤冠（明，中国国家博物馆）

秦百戏俑

大秦王朝的『娱乐圈』

这件百戏俑的右手举起，食指挺立，据专家推测应为表演“转盘”这项杂技，此外这个坑中还出土有硕大精美的青铜鼎，很可能是用来表演“扛鼎”所用。

这件百戏俑上身裸露，略微鼓腹，下身穿短裳，出土时碎裂成众多陶片，经复原后可见人俑的肌肉和骨骼都塑造得十分精准，为我们直观地展现出当时百戏表演中的人物形象。

国宝名称：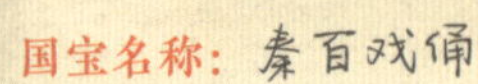

所属年代：秦

出 土 地：秦始皇帝陵K9901陪葬坑

秦百戏俑出土多件，高度不等，姿态各不相同。

1999年，考古队对K9901陪葬坑进行发掘工作，发掘出土的一批陶俑从衣着、姿态上看与兵马俑坑的人俑有很大的区别。工匠运用塑、堆、捏、刻等多种技法表现人俑的神情体态，陶俑有的手臂高举，有的摆出高难度的姿势，仿佛在参加一场宫廷表演。百戏俑的发现，不仅丰富了秦代陪葬俑的种类与样式，同样也为我们展现了秦代宫廷娱乐生活的独特风貌。

这件百戏俑左臂已缺损，上身赤裸，下身着短裳，右腿抬起，左腿断裂缺损。面目屏气凝神，匠人捕捉到了其表演的瞬间神情，相比兵马俑的气势磅礴但静止的状态，百戏俑则聚焦了动态的瞬间，展现出鲜活的生命力。

百戏俑的头发拢起在头后梳一圆髻，方脸阔鼻，眉目紧蹙，留八字胡，像是在专注于自己的表演。

小提示

三彩叠置伎
（唐，西安博物院）

百戏是杂技、角力、幻术乃至竞技之类娱乐活动的总称。出土陶俑的姿态印证了秦汉时期的百戏包含扛鼎、顶橦、转盘、俳优等项目。而表现杂技的文物也不在少数，例如这件三彩叠置伎的几个童子以“叠罗汉”的形式相互配合，惊险刺激。

秦跽姿俑

神情专注的乐俑

国宝名称：秦跽姿俑
所属年代：秦
出 土 地：秦始皇帝陵K0007陪葬坑

这件秦跽姿俑通高127厘米。

跽姿俑身穿交领右衽长襦，腰间系带，一手上举，仿佛停留在由跽姿转向坐姿、击打乐器的瞬间。这件跽姿俑让我们能够想象当时盛大而庄重的仪式现场，众多乐师各司其职，用音乐传递着对神灵或祖先的敬意。陶俑宛如一位沉默的历史使者，静静地诉说着秦代的故事。它反映了秦代高度发达的文化艺术体系，可见当时在军事力量强大的同时，对音乐等精神文化层面的追求也毫不逊色。

专家推测跽姿俑的形体姿势应该是正在击鼓、钟之类的乐器，人俑右手呈抓握状，很可能抓握着鼓槌。这一发现意义重大，为我们揭开了秦代宫廷音乐演奏场景的一角。

秦跽姿俑双膝跪地，足尖抵地，呈现出跽坐的姿势，左臂自然下垂，左手手指并拢伸向下方，仿佛在遵循着某种既定的指令；右臂上举，肘部微屈，这一动作细节充满了动感与张力。陶匠在人体比例的把握上，十分精准，各个身体部位的比例协调，使得人俑的形象栩栩如生。

小提示

秦跽姿俑为我们还原了秦代除气势磅礴的军队列阵以外的生动场景。汉代的一件击鼓说唱俑与秦跽姿俑的姿态颇为类似，同样表现了为观众表演时的动态瞬间，其神情夸张，展现了秦汉时期丰富的娱乐活动。

击鼓说唱俑（汉，中国国家博物馆）

跽坐俑视线微微向下，神情专注，似是在专心地注视着手中的乐器，衣袖上的褶皱层层叠叠。手部肌肉逼真，可见匠人对人体结构特征的精准把握。

器物小知识

多样化的陶器纹样

古人在掌握了陶器制作工艺后，并不局限于简单的实用功能，他们通过在器物上描画纹样来展现独特的审美追求。这些看似简单的几何线条、灵动的动物图案、神秘的人物形象，记录着他们的生活、信仰和想象力。让我们穿越时空，破译这些刻画在陶器上的古老“密码”吧！

几何纹

几何纹是陶器上最常见的纹样，主要以线的粗细、疏密、长短、曲折、交叉、横竖等构造纹样。涡纹彩陶罐上黑色线条盘旋而成的涡纹犹如翻滚的浪花一般，动感十足。而人头形器口彩陶瓶上则以利落的线条和色块构成瓶身纹样，犹如给这件人头形的陶瓶穿上了一件花衣裳。

涡纹彩陶罐
（新石器时代，中国国家博物馆）

人头形器口彩陶瓶
（新石器时代，甘肃省博物馆）

彩陶贴塑人纹双系壶
（新石器时代，中国国家博物馆）

动物纹

动物纹是陶器制作中的常见纹样，如蛙纹、鸟纹、鱼纹等，这些动物纹样形象生动，反映了当时人们对自然界的观察与理解。这件人面鱼纹彩陶盆上的鱼纹以简约的线条表现，展现了先民质朴的审美。

人面鱼纹彩陶盆（新石器时代，中国国家博物馆）

人物纹

除却陶制的人俑外，事实上很多陶器也以人物作为装饰纹样，例如彩陶贴塑人纹双系壶正面装饰一浮雕裸体人物，充满了原始魅力。

丰富的陶器制作工艺

秦始皇帝陵众多精美的陶俑让我们见识到了秦代发达的陶器制作工艺，事实上，早在新石器时代人们就掌握了陶器烧制工艺，随着时代的进步，陶器的制作工艺不断发展，样式种类也不断丰富，让我们来共同领略古老的陶器制作工艺吧。

拓展话题

彩绘陶簋（新石器时代，中国考古博物馆）

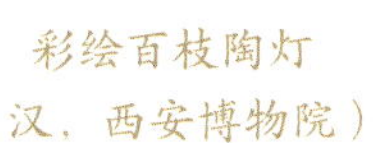

彩绘百枝陶灯（汉，西安博物院）

堆塑

堆塑法是指在陶瓷坯体表面，将预先制作好的泥料或陶泥部件以粘贴、堆砌等方式附着在坯体上，塑造出各种立体造型。如这件汉代的彩绘百枝陶灯上的立体造型便是堆塑而成的。

彩绘

先人们制作好了各式陶器后不满足于单调的外形，于是以各色颜料绘制其上。这件彩绘陶簋的器物表面装饰着不同形态的鸟纹，为烧制后再绘制，为考察新石器时代鸟纹的演变提供了依据。

轮制

黑陶高足杯是新石器时代龙山文化的代表器物，此时期发展出了轮制技术，即将圆柱形的瓷坯放置在陶轮上，旋转后以稳定的力施加在瓷坯上，塑造出陶器的器型。这样制作出的高足杯杯体纤薄，又称“蛋壳陶”。

黑陶高足杯（新石器时代，台北故宫博物院）

三彩釉陶载乐骆驼（唐，中国国家博物馆）

模制

在制作较为大型或纹饰复杂的陶器时会运用到模制法。例如唐代的三彩釉陶载乐骆驼就采用模制法来制作骆驼的左右部分，再进行“合模”，从而制成立体的骆驼。

其他文物

OTHER ARTIFACTS

秦石甲胄

秦代铠甲的生动展示

国宝名称：秦石甲胄
所属年代：秦
出 土 地：秦始皇帝陵K9801陪葬坑

这组秦石甲胄分为石铠甲与石胄，铠甲通长75厘米，上有甲片612片，石胄通高31.5厘米，上有石片72片。

石铠甲由前、后身甲和一对披膊组成，石胄由大小、形状不一的石片组成，石片由扁铜丝连接而成。石片上的孔洞精准，勾连严谨，显示出高超的手工业制作水平。同时，石甲胄的出土让我们得以直观了解秦军的武装配置，弥补了文献对秦代甲胄记载的缺失。

制作石甲胄的材料选用青灰色岩溶性石灰石，这种石材质地细密，色泽均匀，为打造精良的防护装备提供了优质基础。工匠们首先对石材进行精细磨制，使其表面光滑平整，不仅提升了美观度，更减小了穿戴过程中与士兵身体之间的摩擦力。

铠甲整体设计符合人体工程学，能够紧密贴合身体，为士兵提供有效防护。甲片形状多样，有长方形、梯形、三角形等，通过巧妙拼接，形成灵活又坚固的防护层。

铠甲下部以较小的石片组合排列，铜丝的勾连也更为细密，这样的设计不仅更方便活动，也防止活动频繁的部位因长时间磨损导致碎裂。

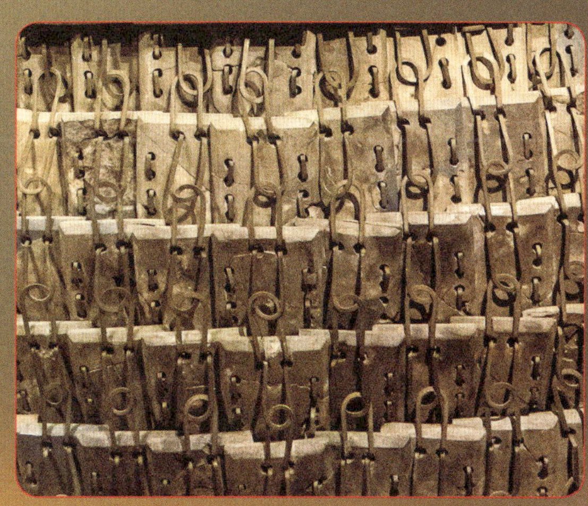

石胄能全面保护头部，包括顶部、耳部、颈部等关键部位，其胄片排列紧密，造型独特，既保证了防护性，又不影响士兵的视野和行动。

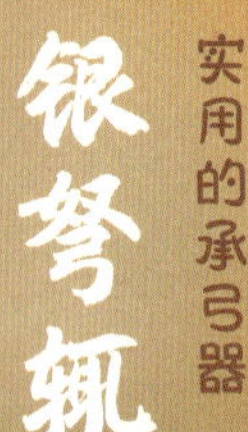

实用的承弓器

国宝名称：银弩𫐐
所属年代：秦
出 土 地：陕西省临潼区秦始皇帝陵封土西侧20米陪葬坑

银弩𫐐由纯银铸造而成，表面阴刻云雷纹与卷草纹，线条流畅细腻，至今仍清晰可辨。该装置不仅具有军事作用，还彰显了皇家军队的地位。

秦始皇帝陵出土的弩𫐐使我们了解了秦代的军事细节，而后世出土的弩𫐐（承弓器）在保留其功用的基础上更为精美，例如这件西汉的错金银铜承弓器上装饰有繁密的云雷纹，实用性与美观性高度结合。

错金银铜承弓器
（汉，河北博物院）

在秦始皇帝陵博物院被誉为“青铜之冠”的国宝级文物中，一件精巧的银质部件悄然诉说着秦代的军事智慧。这件名为“弩𫐐”的神秘装置，是用来架设弓弩的，弩𫐐与弓弩共同构成了方便射击的半自动化武器。当我们凝视这件小小的银弩𫐐，看到的不仅是精湛的工艺与巧妙的设计，更是一个帝国对军事力量的极致追求。

银弩辄两件构成一组，为纯银打造，两个长方体银块延伸出弯钩状的卡槽，长方体后部和车舆外部连接，前方的弯钩用于架设弓弩，弩辄虽小，但造型精准，纹样细致流畅。银弩辄的发现填补了秦代车弩研究的空白，其精密程度体现了秦国军事器械装备的强大。

通过对出土铜马车及各部件的复原，考古学家证实弩辄是秦代车弩的关键部件。它可将弩机固定于车舆外侧，通过旋转调节发射角度，实现“行进间射击”。右图即为依照一号铜马车及其他相关出土文物复制组合后的银弩辄功用展示。

中国代表性古墓名录

商汤陵

曾侯乙墓

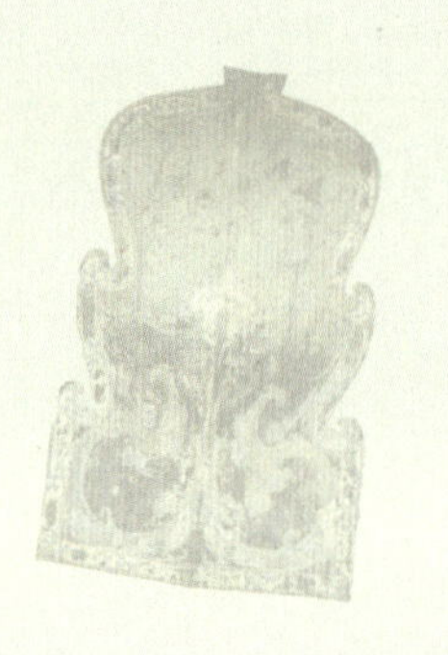

郭庄楚墓

秦公一号大墓

汉高祖长陵

汉景帝阳陵

满城汉墓

马王堆汉墓

汉武帝茂陵

海昏侯墓

邛山陵墓群

老山汉墓

魏孝文帝陵

汉昭烈帝惠陵

唐高祖献陵

唐太宗昭陵

永泰公主墓

唐宪宗景陵

唐宣宗贞陵

宋太祖永昌陵

宋太宗永熙陵

宋真宗永定陵

成吉思汗陵

明孝陵

明成祖长陵

明神宗定陵

梁庄王墓

清永陵

清福陵

清裕陵

清景陵

清泰陵

清昌陵

清慕陵

清崇陵

菩陀峪定东陵

当我们踏入秦始皇帝陵博物院的展厅，目光触及一号铜马车的刹那，仿若穿越时空隧道，来到了气势恢宏的大秦帝国。这件秦高级军吏俑是秦俑坑中数量极少的一类，其铠甲的制作采用了整片皮革，胸部以下至腰部分嵌入了精致的鱼鳞状甲片，前胸和后背的未缀甲片区域，装饰有彩绘花结。这件文物承载着那个时代的荣耀，引领着我们去领略那段波澜壮阔的历史。

秦高级军吏俑

图书在版编目（CIP）数据

秦始皇帝陵博物院 / 红糖美学著. -- 武汉：华中科技大学出版社，2025. 6. --（中国博物馆全书）.

ISBN 978-7-5772-1814-4

Ⅰ. G269.274.11

中国国家版本馆CIP数据核字第202543KU89号

中国博物馆全书. 第三辑 秦始皇帝陵博物院 红糖美学 著

Zhongguo Bowuguan Quanshu. Di-san Ji Qinshihuang Diling Bowuyuan

出版发行：华中科技大学出版社（中国·武汉） 电话：（027）81321913

华中科技大学出版社有限责任公司艺术分公司 （010）67326910-6023

出 版 人：阮海洪

责任编辑：张 颖 刘昊威 夏瑞付 林晓春 封面设计：魏 薇

责任监印：赵 月 张 丽

制 作：王玉平

印 刷：河北朗祥印刷有限公司

开 本：889mm × 1194mm 1/16

印 张：60

字 数：663千字

版 次：2025年6月第1版第1次印刷

定 价：998.00元（全10册）

本书若有印装质量问题，请向出版社营销中心调换

全国免费服务热线：400-6679-118 竭诚为您服务